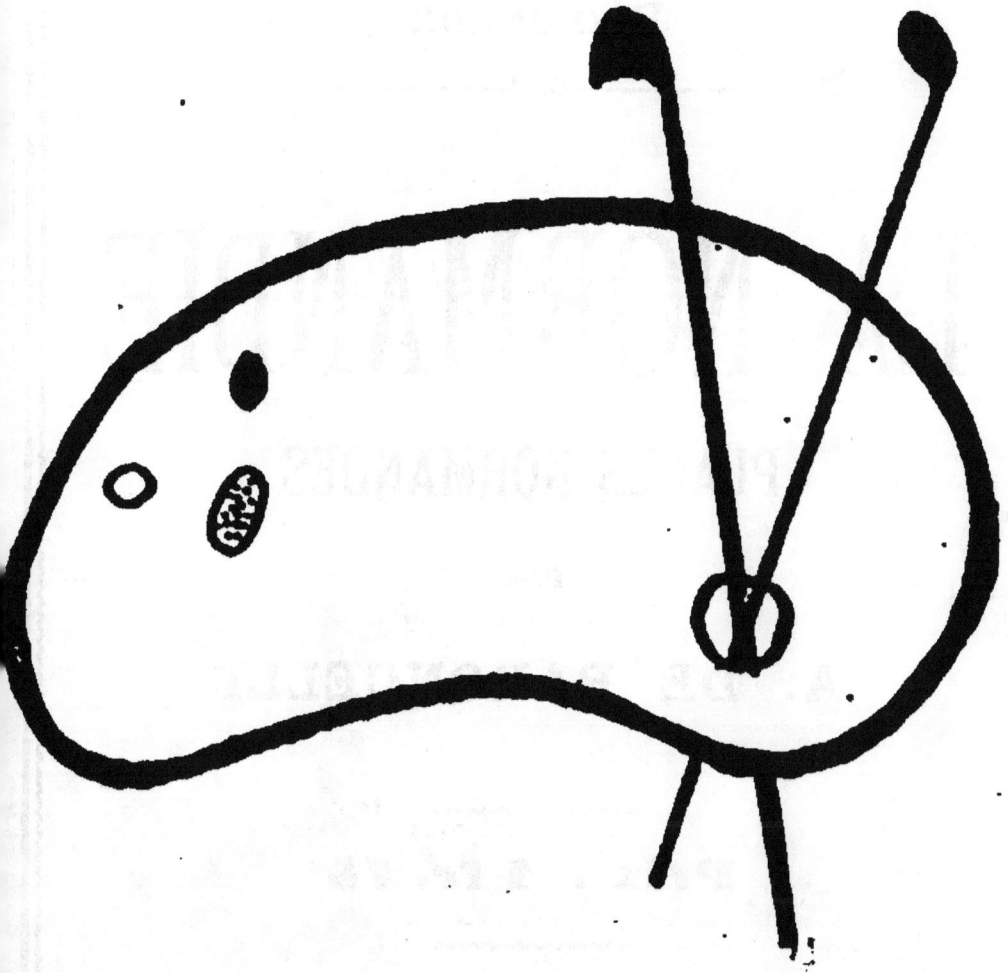

**DEBUT D'UNE SERIE DE DOCUMENTS
EN COULEUR**

GUIDES VÉLOCIPÉDIQUES

RÉGIONAUX

LA NORMANDIE

PLAGES NORMANDES

PAR

A. DE BARONCELLI

Prix : 1 fr. 75

PARIS

z tous les Libraires et Fabricants de Vélocipèdes

TABLE DES PRINCIPALES LOCALITÉS

Les hôtels précédés d'un astérisque sont particulièrement recommandés aux touristes bicyclistes.

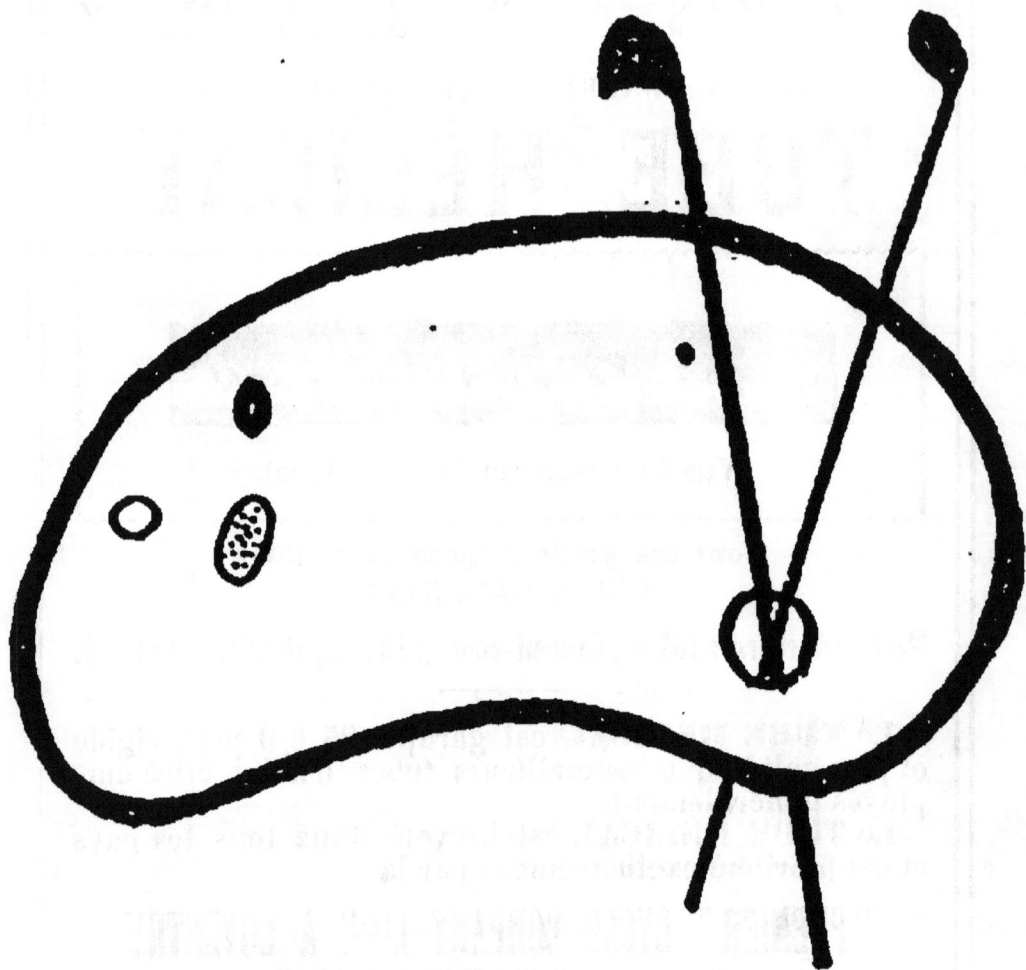

FIN D'UNE SERIE DE DOCUMENTS
EN COULEUR

GUIDES VÉLOCIPÉDIQUES
RÉGIONAUX

LA NORMANDIE
PLAGES NORMANDES

PAR

A. DE BARONCELLI

Prix : 1 fr. 75

PARIS

Chez tous les Libraires et Fabricants de Vélocipèdes

DU MÊME AUTEUR

GUIDE DES ENVIRONS DE PARIS, détaillé dans un rayon de 140 kilomètres, avec l'Itinéraire abrégé de la France, indiquant les voies vélocipédiques les plus directes pour se rendre de Paris à tous les Chefs-Lieux de Département et d'Arrondissement, Stations thermales et balnéaires, ainsi qu'à Londres, Bruxelles, Genève, Gênes et Turin, 14e édit........ **5 fr.** »
Par la poste.................................. **5 fr. 50**

GUIDE ROUTIER DU VELOCEMAN EN FRANCE ET EN EUROPE, indicateur des distances, avec annotations, contenant la nomenclature générale des routes qui relient tous les Chefs-Lieux de Département et d'Arrondissement; des voies les plus directes conduisant de Paris aux capitales de l'Europe et des voies de communication entre les capitales, 6e édit. **4 fr. 75**
Par la poste............................,... **5 fr.** »

GUIDES VÉLOCIPÉDIQUES RÉGIONAUX :

La Forêt et les environs de Fontainebleau 2e édit. **1 fr.** »

La Touraine, châteaux des bords de la Loire....... **1 fr.** »

LA VÉLOCIPÉDIE PRATIQUE, Conseils aux Velocemen sur la manière de voyager à véloce, le choix des cartes, du bagage, du costume, de la marche de route, etc. 6e édit...................: **1 fr. 75**
Par la poste........................... **1 fr. 90**

EN PRÉPARATION

GUIDE DE LA BRETAGNE.

GUIDE DES VOSGES.

PRÉFACE

Ayant souvent constaté combien de bicyclistes, à la veille d'entreprendre une excursion un peu prolongée, sont embarrassés sur le choix du voyage et pour en établir d'avance les étapes, nous pensons pouvoir leur être utile en publiant un itinéraire spécial pour chacune des principales régions les plus intéressantes de la France.

C'est dans cette intention que nous présentons aujourd'hui aux touristes vélocipédistes le guide de **la Normandie**, le premier de la série que nous comptons faire paraître.

Afin de rendre nos itinéraires accessibles en venant les rejoindre de n'importe quelle direction, nous les avons tracés circulaires, de telle sorte qu'en prenant pour point de départ une des villes quelconques de l'itinéraire, on puisse revenir à cette ville tout en ayant parcouru l'excursion entière et vu les curiosités les plus importantes de la région.

Toutefois, voulant rendre l'ouvrage très portatif, nous nous sommes bornés à donner la description de la route au point de vue purement vélocipédique, à l'indication exacte des distances séparant les localités, au bon choix des hôtels (toujours se présenter avec notre guide) et au partage qui nous a paru le plus rationnel des étapes journalières.

Quant aux longueurs des côtes et des espaces pavés, nous adopterons, pour les mesurer, le temps de marche nécessaire à franchir ces passages à pied, à raison d'environ 4 ou 5 kilomètres à l'heure, aussi exprimerons nous leur durée en minutes et en heures.

Pour l'historique des villes et les promenades à faire dans celles-ci, nous conseillerons aux bicyclistes de se munir du **Guide Conty** ou du **Guide Joanne** (de la collection diamant), correspondant à la région visitée. Ces volumes, sous un petit format, renfermant les renseignements les plus complets.

Le touriste, préférant bien voir en détail et sans fatigue, désirant séjourner quelques heures dans les localités qui offrent de l'intérêt et conserver de son excursion un souvenir durable, suivra à la lettre nos étapes; cependant s'il se sent de force, rien ne l'empêchera de les doubler, mais nous ne saurions l'y engager à moins qu'il veuille se contenter d'impressions fugitives, résultat inévitable d'un voyage fait trop à la hâte

PLAN DU VOYAGE

PREMIÈRE PARTIE

Rouen, Jumièges, Caudebec, Lillebonne, Tancarville,
Le Havre, Étretat, Fécamp,
Saint-Valery-en-Caux, Dieppe, Le Tréport,
Mers, Eu, Dieppe, Auffay,
Saint-Victor-l'Abbaye, Clères, Rouen.

DEUXIÈME PARTIE

Rouen, Brionne, Lisieux,
Caen, Bayeux, Saint-Lô, Carentan,
Cherbourg, Landemer,
Omonville-la-Rogue, Beaumont, le cap de la Hague,
Jobourg, Dielette, Flamanville,
Les Pieux, Cherbourg, Barfleur,
Saint-Vaast-la-Hougue, Carentan, Isigny,
Grandcamp, Arromanches,
Courseulles, Luc-sur-Mer, Cabourg,
Houlgate, Trouville, Honfleur,
Le Havre, Bolbec, Yvetot, Barentin, Rouen.

V. aussi aux pages 67 et 68 la modification de l'itinéraire des
Pieux à Cabourg par Carteret, Porthail, Lessay, Coutances, Granville, Avranches, Vire, Falaise et Caen.

(Pour ce voyage, consulter les feuilles de la Carte de
France du Ministère de la Guerre, au 200.000°', portant les
numéros 6, 7, 8, 13, 14, 15 et 23.)

Nota. — Le bicycliste venant de Paris se rendra à Rouen, soit par le chemin de fer (15 fr. 25 ; 10 fr. 30 ; 6 fr. 70), soit par la route. Dans ce dernier cas, il pourra choisir entre les deux itinéraires suivants dont la description détaillée se trouve dans notre *Guide des Environs de Paris* :

1" Itinéraire. — Par la Porte de Neuilly, Neuilly-sur-Seine, Puteaux, Nanterre, Chatou, Saint-Germain-en-Laye, Ecquevilly, Epône, Mantes, Bonnières, Vernon, Gaillon, Heudebouville, Pont-de-l'Arche et Port-Saint-Ouen.

Distance : **127** kil. **100** m. *Pavé :* **1** h. **31** min.
Côtes : **1** h. **53** min.

2' Itinéraire. — Par Vernon, Les Andelys, Pont-Saint-Pierre et Boos.

Distance : **130** kil. **150** m. *Pavé :* **58** min.
Côtes : **3** h. **15** min.

———

DURÉE DU VOYAGE

———

En trente-trois jours si on suit à la lettre l'itinéraire entier selon la division du temps indiquée à la page VII ; en vingt-huit jours si on supprime les itinéraires facultatifs des 10', 11', 22', 23' et 24' jours.

Le touriste, disposant de moins de temps, pourra ne parcourir qu'une moitié de l'itinéraire en choisissant soit la partie de la Haute-Normandie comprise dans les douze premiers jours de voyage, soit la partie de la Basse-Normandie commençant au treizième jour. Notre tracé permettant encore de prendre indifféremment l'une ou l'autre direction au départ de Rouen.

———

DIVISION DU TEMPS

1ʳ Jour. — S'arranger pour arriver la veille au soir à Rouen (Hôt. du *Dauphin-et-d'Espagne*, place de la *République.* — Café *Victor*). Le lendemain matin, visiter l'*Église de Bon-Secours* et le *Monument de Jeanne-d'Arc*. Pour cette excursion se rendre sur le quai de *Paris* et prendre à l'embarcadère, entre le pont *Corneille* et le pont *Boieldieu*, le bateau à vapeur conduisant au *funiculaire* de Bon-Secours (départ toutes les demi-heures en semaine, tous les quarts d'heure le dimanche. Prix du billet, aller et retour, jusqu'à Bon-Secours : 1 fr.) Déjeuner à Bon-Secours au café-rest. du *Funiculaire*.

Dans l'après-midi, visite de la ville de Rouen (Curiosités : la Cathédrale, ascension de la flèche en fer qui surmonte cette église; les églises Saint-Maclou, Saint-Ouen, Saint-Vincent; l'Hôtel de Ville et le Palais de Justice; l'hôtel de Bourgtheroulde; les quais). Dîner et coucher à Rouen.

2ᵉ Jour. — Départ de Rouen. Visite de l'église de Saint-Martin-de-Boscherville et des ruines de l'abbaye de Saint-Georges. Déjeuner à Duclair. Visite des ruines de Jumiéges et de l'abbaye de Saint-Wandrille. Dîner et coucher à Caudebec.

3ᵉ Jour. — Départ de Caudebec. Déjeuner à Lillebonne. Visite du château de Tancarville. Dîner et coucher au Havre.

4ᵉ Jour. — Visite de la ville du Havre.

5ᵉ Jour. — Départ du Havre. Déjeuner au restaurant *Bellevue*, près les Phares de la Hève. Plages de Saint-Jouin et de Bruneval. Arrivée à Etretat. Promenade à pied à l'église Notre-Dame-des-Flots, au Sémaphore et, si la marée est basse, à la falaise de la Porte-d'Aval. Dîner et coucher à Etretat.

6ᵉ Jour. — Départ d'Etretat. Excursion à la valleuse du Curé, près Benouville. Plage de Vaucottes. Déjeuner à Yport. Plage de Grainval. Arrivée à Fécamp, visite de la ville et promenade sur la plage. Dîner et coucher à Fécamp.

7ᵉ Jour. — Départ de Fécamp. Déjeuner à Saint-Pierre-en-Port. Plages des Petites-Dalles et de Veulettes. Arrivée à Saint-Valery-en-Caux, promenade sur la plage. Dîner et coucher à Saint-Valery-en-Caux.

8ᵉ Jour. — Départ de Saint-Valery-en-Caux. Déjeuner à Veules ou à Quiberville. Excursion au phare d'Ailly, au manoir Ango. Plage de Pourville. Dîner et coucher à Dieppe.

9ᵉ Jour. — Dans la matinée, visite de la ville de Dieppe. Dans la journée, excursion au château d'Arques. Retour à Dieppe, promenade sur la plage et soirée au Casino. Dîner et coucher à Dieppe.

10ᵉ Jour. (facultatif). — Départ de Dieppe. Plages de Puits et de Berneval. Déjeuner à Berneval. Arrivée au Tréport, promenade sur la plage et au calvaire. Dîner et coucher au Tréport.

11ᵉ Jour. (facultatif). — Départ du Tréport. Plage de Mers. Déjeuner à Eu. Visite de la ville d'Eu. Retour d'Eu à Dieppe soit par la route, soit en chemin de fer. Dîner et coucher à Dieppe.

12ᵉ Jour. — Départ de Dieppe. Parcours des vallées de la Scie et de la Clères. Déjeuner à Auffay. Dîner et coucher à Rouen.

13ᵉ Jour. — Départ de Rouen. Déjeuner à la Maison-Brûlée. Dîner et coucher à Brionne.

14ᵉ Jour. — Départ de Brionne. Déjeuner à l'Hôtellerie. Visite de la ville de Lisieux. Dîner et coucher à Lisieux.

15ᵉ Jour. — Départ de Lisieux. Déjeuner à Crèvecœur. Dîner et coucher à Caen.

16ᵉ Jour. — Visite de la ville de Caen.

17ᵉ Jour. — Départ de Caen après le déjeuner. Visite de la ville de Bayeux. Dîner et coucher à Bayeux.

18ᵉ Jour. — Départ de Bayeux. Déjeuner à Balleroy. Visite du château de Balleroy. Dîner et coucher à Saint-Lô.

19ᵉ Jour. — Dans la matinée, visiter Saint-Lô, Départ de Saint-Lô après le déjeuner. Dîner et coucher à Carentan.

20ᵉ Jour. — Départ de Carentan. Déjeuner à Montebourg. Dîner et coucher à Cherbourg.

21ᵉ Jour. — Dans la matinée, visite de la ville de Cherbourg et promenade à pied au fort du Roule. Dans la journée, visite de l'arsenal. Promenade sur la jetée et au Casino.

22ᵉ Jour (*facultatif*). — Départ de Cherbourg. Déjeuner à Landemer. Excursion à Omonville-la-Rogue et au phare de la Hague. Coucher à Jobourg.

23ᵉ Jour (*facultatif*). — Dans la matinée, visiter les falaises de Jobourg. Déjeuner à Jobourg. Départ de Jobourg et arrivée à Dielette. Visite des falaises de Flamanville. Dîner et coucher à Dielette.

24ᵉ Jour (*facultatif*). — Départ de Dielette. Visite du château de Flamanville. Déjeuner aux Pieux. Visite du château le Martinvast. Dîner et coucher à Cherbourg.

25ᵉ Jour. — Départ de Cherbourg. Visite du château de Tourlaville. Déjeuner à Saint-Pierre-Eglise. Visite du phare de Gatteville. Passage à Barfleur. Dîner et coucher à Saint-Vaast-la-Hougue.

26ᵉ Jour. — Départ de Saint-Vaast-la-Hougue. Déjeuner à Foucarville. Dîner et coucher à Isigny.

27ᵉ Jour. — Départ d'Isigny. Déjeuner à Grandcamp, promenade sur la plage. Passage à Port-en-Bessin. Plage d'Arromanches. Dîner et coucher à Arromanches.

28ᵉ Jour. — Départ d'Arromanches. Plages d'Asnelles, de Ver, de Courseulles. Déjeuner à Courseulles. Plages de Bernières, de Saint-Aubin, de Langruno et de Luc. Dîner et coucher à Luc.

29ᵉ Jour. — Départ de Luc. Plage de Lion. Déjeuner à Lion. Promenade sur la jetée d'Ouistreham. Plage de Cabourg. Dîner et coucher à Cabourg.

30ᵉ Jour. — Départ de Cabourg. Passage à Dives. Plages de Beuzeval et d'Houlgate. Église d'Auberville. Déjeuner au café-restaurant d'Auberville ou à Villers-sur-Mer. Arrivée à Trouville, visite de la ville, de la plage et du Casino. Dîner et coucher à Trouville.

31ᵉ Jour. — Départ de Trouville. Plage de Villerville. Visite de l'église et du manoir de Criquebeuf. Déjeuner à la ferme Saint-Siméon. Arrivée à Honfleur, visite de la ville; promenade sur la jetée et à la côte de Grâce. Départ d'Honfleur pour le Havre par le bateau à vapeur de la marée du soir (consulter l'horaire; trajet en 40 min.). Dîner et coucher au Havre.

32ᵉ Jour. — Départ du Havre. Déjeuner à Saint-Romain ou à Bolbec. Visite au chêne d'Allouville. Dîner et coucher à Yvetot.

33ᵉ Jour. — Départ d'Yvetot et arrivée à Rouen soit pour déjeuner, soit pour dîner.

SIGNES ET ABRÉVIATIONS

Aub.	Auberge.	Env.	Environ	Kil.	Kilomètre.
Bᵈ.	Boulevard.	Fᵍ.	Faubourg.	M.	Mètre.
Ch.	Chemin.	G.	Gauche.	Min.	Minute.
Dép.	Département.	H.	Heure.	R. r.	Route.
Dr.	Droite.	Hôt.	Hôtel.	V.	Voyez.

Les chiffres suivis du signe ' indiquent un *nombre de minutes.*

Exemple : 12', soit douze minutes.

Les chiffres gras entre parenthèses indiquent les *distances* séparant les localités d'un même itinéraire.

GUIDE DE LA NORMANDIE

PREMIÈRE PARTIE

HAUTE-NORMANDIE

DE ROUEN A CAUDEBEC

Par Canteleu, Saint-Martin-de-Boscherville, Duclair,
Yainville, Jumièges, Guerbaville-la-Mailleraye,
Caudebecquet, Saint-Wandrille et Caudebecquet.

Distance : **46** kil. **200** m. *Pavé :* **30** min.
Côtes : **1** h. **41** min.

Nota. — Pour la visite de la ville de Rouen, V. à la *Division du temps,* page VII.

En quittant l'hôt. du *Dauphin-et-d'Espagne,* situé sur
la place de la *République,* laisser à g. le pont *Corneille*
et suivre les quais (pavés pendant 2 kil. 300 m. — 30')
de *Paris,* de la *Bourse,* du *Havre* et du *Mont-Riboudet,*
auxquels fait suite l'avenue du *Mont-Riboudet,* où le pavé
cesse à hauteur du nº 148.

A l'extrémité de l'avenue du Mont-Riboudet continuer à g., le long de la ligne du tramway, par la *route du Havre*, aboutissant à une petite place ronde (**3.3**). Ici laissant à dr. la r. de Maromme, par laquelle se dirige la ligne du tramway, suivre à g. la r. du *Havre* (88) par Caudebec (32). On passe entre le vélodrome, à dr., et les prairies de la Seine, à g., tandis qu'au lointain on aperçoit dans cette direction les cheminées des usines du Petit-Quévilly. Plus loin, vous franchissez le pont de la rivière de la *Clerette de Cailly* et atteignez (**0.7**) le commencement de la côte de Canteleu, qui s'élève sur le flanc de collines boisées du plus pittoresque effet.

Laisser à g. le *chemin de Croisset* (qui par Dieppe-dalle, le Val-de-la-Haye, Hautot, Sahurs, Saint-Pierre-de-Manneville et Quévillon, rejoint Saint-Martin-de-Boscherville, en suivant la boucle du fleuve) et gravir la longue côte de Canteleu (2 kil. 300 m. — 35'), la fatigue de cette rampe étant amplement dédommagée par le magnifique panorama dont on jouit sur la ville de Rouen et la vallée de la Seine.

Au sommet de la côte, à Canteleu (**2.1** — Hôt. de la *Belle-Vue*), coupant le ch. de Dieppedalle, continuer tout droit. Descente douce à travers la jolie *forêt de Roumare*. Au pittoresque carrefour du *Rond du Chêne-à-Leu* une avenue, tracée à dr. dans la forêt, permet d'apercevoir le château de Montigny. Un kil. plus loin commence une rapide descente, en lacets, par laquelle on sort du bois pour arriver à Saint-Martin-de-Boscherville (**5.1**). Dans ce village, au bas de la descente, tourner à g. sur le ch. de communication n° 67 conduisant à la place de l'église de Saint-Martin-de-Boscherville (**0.7**).

Ayant visité (20' — rétribution 50 c.) les ruines de l'ancienne abbaye de Saint-Georges (vestiges de cloître et salle capitulaire du XII° s.), attenante à la très belle église de Saint-Martin, construite au XI° s. par Raoul de Tancarville, grand chambellan de Guillaume le Conquérant, on reviendra sur ses pas en prenant le premier bon ch. à g.; puis encore à g. pour rejoindre (**1.6**), au hameau de La Carrière, l'excellente r. de Duclair.

Dépassé le hameau de La Fontaine (**4.5**), la r., au pied de hautes falaises crayeuses, longe la Seine jusqu'au joli bourg de Duclair (**3.2** — Hôt. de la *Poste*).

A la sortie de Duclair se détache à g. le ch. peu recommandable de Jumièges (12.9), par le Mesnil (8.350). Suivant à dr. la r. de Caudebec, qui s'écarte à présent du fleuve, on monte d'abord pendant 500 m. (4'), ensuite on descend pour passer devant le beau *château du Taillis*, précédé d'une majestueuse avenue. A dr., la *forêt du Trait* couronne la colline.

Parvenu à hauteur de la *borne 49.9*, voisine d'une maison en briques, abandonner (**4.5**) la route directe du Havre et tourner à g. sur le ch. de Jumièges.

Celui-ci, longeant un gracieux vallon boisé à g., s'élève (10') pendant 800 m. env., en passant devant l'église de Yainville(**0.5**); puis, traversant un court plateau, ne tarde pas à descendre rapidement vers le bourg de Jumièges (**2.7** — Hôt. de l'*Abbaye*).

A hauteur de la *borne 53.1* se trouve la grille de la propriété de la famille *Lepel-Cointet*; c'est au milieu du parc de cette propriété que sont situées les ruines imposantes de la célèbre abbaye de Jumièges (durée de la visite : 30' — rétribution 50 c.).

Après avoir visité les ruines, continuer à descendre la r. à g. On passe devant l'ancienne entrée de l'abbaye, ensuite, traversant des prés, on arrive au *passage*, sur le bord de la Seine (**1.2**). Ici, prendre le bac (25 c. par personne avec machine) et traverser le fleuve.

De l'autre côté de la Seine une longue côte de 1.500 m. (35') gravit la rampe de la lisière de la *forêt de Brotonne*; belle vue. Au sommet de la côte on rejoint (**1.4**) la r. de Bourg-Achard (9.8) à Guerbaville, tourner à dr. dans cette dernière direction ; agréable pente douce. Deux kil. plus loin, sortie du bois et descente rapide vers Guerbaville-la-Mailleraye(**5**) que précède une courte montée.

Tourner à dr. dans le village pour descendre au bac à vapeur (**0.2** — passage toutes les heures — 25 c. par personne avec la machine) et traverser de nouveau la Seine.

De l'autre côté du fleuve, une petite r. plate conduit rejoindre, après le passage à niveau du ch. de fer et un raidillon (2'), la r. (**1.7**) directe de Duclair (9.7) à Caudebec (5.6). Tourner à gauche.

La r. longe, à mi-colline, la lisière de la *forêt du Trait* et domine la vallée, découvrant un très beau paysage. Trois montées (4' 3' et 2') se succèdent ; ensuite une descente amène aux premières maisons de Caudebecquet.

Quelques m. après avoir dépassé la *borne 30.2*, parvenu presque à hauteur du premier hangar du ch. de fer, abandonner **(3.2)** la r. de Caudebec et s'engager à dr. entre deux haies sur un petit ch., long d'une vingtaine de m., aboutissant à la r. de Saint-Wandrille, qu'on suivra à droite.

Cette r. remonte la vallée du *Rançon* (Côte : 6'), puis, se dirigeant à dr. dans le vallon de la *Fontanelle*, conduit au village de Saint-Wandrille **(1.2)** célèbre par son abbaye.

Laisser en garde sa machine à l'une des auberges voisines et visiter l'abbaye (Visible en semaine seulement, le matin de 10 h. à 11 h. et dans l'après-midi de 1 h. à 3 h. — Durée : 25' — Rétribution : 50 c. — Les dames ne sont pas admises).

De Saint-Wandrille redescendre à Caudebecquet, où la r. toute droite, à présent au niveau de la Seine, ne tarde pas à atteindre la petite ville de Caudebec **(3.4** — église remarquable). Parvenu à une petite place, appuyer à g. pour rejoindre le quai et s'arrêter à l'hôt. de la *Marine*.

Nota. — C'est à Caudebec que l'on peut assister le plus favorablement à l'arrivée du *flot* qui, à l'époque des grandes marées, prend le nom de *Mascaret*.

Pour mémoire — De Caudebec à **Yvetot** : 11 kil.

DE CAUDEBEC AU HAVRE

Par Villequier, Petiville, Notre-Dame-de-Gravenchon, Le Mesnil, Lillebonne, Tancarville, Harfleur
et Graville.

Distance : **57** kil. **900** m. *Pavés* : **10** min.
Côtes : **20** min.

Nota. — De Caudebec à Lillebonne, il existe deux r. La première, dite du haut (16 k.), raccourcit de 5 kil., mais présente au départ de Caudebec une longue côte de 3 kil. Elle traverse une contrée peu intéressante et passe par les villages de Saint-Arnoult, Anquétierville et La Frenaye, pour descendre ensuite rapidement pendant 3 kil. vers Lillebonne. Nous décrirons la r. du bas beaucoup plus pittoresque.

A la sortie de l'hôt. de la *Marine* suivre le quai à dr. et, à l'extrémité de la promenade, prenant à g. le bord de l'eau, en longeant un moment la balustrade en pierre d'une propriété particulière, on rejoindra par un très étroit ch. (faire attention) la ravissante r. de Villequier resserrée entre le fleuve et de hautes collines boisées; une côte (4').

A l'entrée du joli village de Villequier (**3.8** — Hôt. de *France*), on aura le choix, soit de continuer la r. (montée de 100 m.), soit en appuyant à g. de cotoyer la Seine jusqu'à la sortie du pays.

Deux kil. plus loin la r. s'éloigne du fleuve, laisse à g. de grandes prairies, puis gravit une côte (10') conduisant au plateau de la Norville (**5.3**), village situé sur la g.; descente douce. On aperçoit encore à g. le village de Saint-Maurice-d'Eteleau, ensuite successivement traversée des villages de Petiville (**4.3**) et de Notre-Dame-de-Gravenchon (**3.3**). Au-delà de ce dernier une descente rapide conduit au Mesnil.

Au bas de la côte (3.2) se détache à g. la r. de Port-Jérôme (3.950) et de Quillebeuf (4.4). Continuant tout droit, on ne tarde pas à arriver, par la rue de la *République*, à l'entrée de la petite ville de Lillebonne (1.3) où on s'arrêtera pour déjeuner à l'hôt. de *France*.

De Lillebonne à Harfleur, on peut choisir entre deux r. ; celle du haut, qui traverse un large plateau, mesure 27 kil. 300 m. et passe par La Rémuée, Saint-Romain, Saint-Aubin et Gainneville. Elle présente à la sortie de Lillebonne une côte de deux kil. et, en arrivant à Harfleur, une descente également de deux kil. Celle du bas que nous suivrons de préférence allonge seulement de deux kilomètres.

A la sortie de l'hôt., traverser la ville par la rue *Léon-Gambetta* en laissant à dr. la rue *Victor-Hugo*, début de la r. directe venant de Caudebec (15.9).

Sur cette r., à dr. et à quelques m., jeter un coup d'œil sur les restes très curieux d'un ancien cirque romain qui borde la route.

Parvenu à la place *Sadi-Carnot* (église avec beau clocher), abandonnant la direction de Bolbec (8), tourner de suite à g. par la petite rue descendante, dite des *Chouquets;* au bas (un ruisseau) tourner à g. et suivre la r. de Tancarville.

Cette r., absolument plate, décrit au pied de collines verdoyantes un vaste circuit, en longeant les grasses prairies qu'arrose la rivière du *Commerce.* Elle conduit directement au pied du monticule sur lequel s'élève le château de Tancarville (7.3), situé à l'entrée d'un étroit et pittoresque vallon, et à la bifurcation de la r. de Saint-Romain (10.9).

Pour visiter le château de Tancarville (35' — Rétribution : 50 c.), laisser sa machine en garde au débit de tabac voisin et suivre à dr. la r. de Saint-Romain. Après la deuxième maison à g. pénétrer dans l'enclos dépendant du château, en poussant une barrière en bois peinte en rouge, et gravir à dr. le sentier escarpé montant en zig-zag sous bois jusqu'à l'entrée du château de Tancarville, aujourd'hui propriété de M. le comte de Lambertye (Ruines intéressantes, — de la terrasse magnifique vue sur la vallée de la Seine dans la direction de Quillebeuf).

Quand on aura visité le château de Tancarville, redescendre à la bifurcation de la r. pour reprendre sa machine et continuer à dr. par la r. qui, contournant la pointe de Tancarville, passe devant l'entrée du canal de Tancarville (**1.8** — à g. café-rest. de la *Marine*).

A partir d'ici, l'horizon s'agrandit et la rive g. de la Seine semble disparaître dans le lointain. Quant à notre r., s'éloignant du fleuve et le perdant de vue, elle est tracée à la base de hautes falaises crayeuses et en suit les capricieux contours, d'où son nom de *route de la falaise*; elle présente jusqu'à Honfleur un caractère particulier de désespérante monotonie. Plate, sans une ondulation, la r. longe à g. d'immenses pâturages où paissent de nombreux troupeaux, tandis qu'on ne rencontre sur tout ce parcours que de rares maisons isolées, granges à fourrage ou postes de douaniers.

Successivement on dépasse le débit Filâtre : *au rendez-vous des Herbagers* (**10**), les ch. de Saint-Vigor (**3**), de Saint-Romain (**8.650**) et de Saint-Laurent (**5.6**), tous trois à l'entrée d'étroits vallons profondément encaissés, pour arriver enfin à Harfleur (**10.7**).

A l'entrée de cette petite ville, on traverse une première place ornée de la statue de *Jehan Grouchy*. Un peu plus loin, à la place *Victor-Hugo*, passer le pont sur la rivière de la *Lezarde* et, immédiatement de l'autre côté du pont, suivre à g. la petite rue de l'*Eure* (Pavé : **2'**) qui rejoint (**0.2**) bientôt la r. de Rouen au Havre.

Une assez longue côte (**6'**), néanmoins faisable, précède la descente sur Graville (**2.5**), localité qu'on peut déjà considérer comme le faubourg du Havre.

A hauteur du *n° 314* (café du *Havre* à g.) un étroit sentier gravit la colline à dr. et conduit à l'église de Graville, jadis ancienne abbaye. Dans un jardin voisin, on remarque la statue colossale de Notre-Dame-du-Havre. Très belle vue sur la ville de la terrasse contiguë à l'église. Dans le cimetière, une croix moussue a servi, dit-on, de modèle pour le décor du 3° acte de *Robert-le-Diable*. (Ce détour demande 35').

On entre au Havre par la rue de *Normandie* en longeant la ligne du tramway électrique; rouler sur les bas

côtés de la rue de Normandie (Pavé : 2') jusqu'au *bou-leoard de Graville*.

Ici on a le choix entre deux itinéraires :

Le premier itinéraire, qui traverse les voies les plus animées de cette partie de la ville, a l'inconvénient de présenter plusieurs passages pavés et le voisinage des rails du tramway. Il continue par la rue de Normandie (Pavé : 9') jusqu'au *rond-point*, sorte de place avec horloge à trois cadrans, puis tourne à g. sur le cours de la *République* (Pavé : 7'). Parvenu à hauteur de la gare, il prend à dr. le b^d de *Strasbourg* menant à la place de l'*Hôtel-de-Ville* dont on contourne le square, d'abord à g. puis à dr., pour tourner presque aussitôt à g. dans la rue de *Paris* (Pavé : 6'). Celle-ci aboutit quelques m. plus loin à la place *Gambetta*, V. ci-dessous.

Le second itinéraire, de même longueur que le précédent, suit des voies moins encombrées et est entièrement macadamisé. On descend à g. le b^d de *Graville* jusqu'à la rue *Demidoff*. Celle-ci, la deuxième à dr., conduit directement au cours de la *République* où on tournera à dr. pour prendre de suite à g. la rue *Dumé-d'Aplemont*. A l'extrémité de cette rue suivre à g. la rue de *Toureille*, puis à dr. la rue *Bonvoisin*. Tourner ensuite à g. par la rue *Lesueur* puis encore à dr. par la rue du *Lycée*.

La rue du Lycée aboutit à la rue *Thiers*; ici tourner à g., traverser le b^d de *Strasbourg* et, contournant le square de la place de l'*Hotel-de-Ville*, vous arriverez à l'entrée de la rue de *Paris*, à g. (Pavé : 6'). Celle-ci conduit à la place *Gambetta* (4.7 — Café *Tortoni*), centre de la ville, où s'élève le théâtre, à dr., vis-à-vis le bassin du Commerce, à gauche.

Traverser la place Gambetta pour se rendre au Grand Hôtel de *Normandie* (1er ordre — U. V. F.) situé aux n°s 106 et 108 de la rue de Paris, ou tourner à dr. dans la rue *Corneille* (à dr. du théâtre) pour arriver à l'hôt. des *Négociants*.

Visite de la ville du Havre. (Une journée). — Promenade à la jetée. — Bains de mer (galets) et Casino de Frascati. — Musée de Peinture. — Eglise de Notre-Dame. — Visite d'un transatlantique.

DU HAVRE A ÉTRETAT

Par La Hève, Ionauval, Octeville, Saint-Jouin,
Bruneval, La Poterie et Le Tilleul

Distance : **34** kil. **100** m. *Pavé* : **6** min.
Côtes : **2** h. **11** min.

Nota. — Pour les bicyclistes pressés, la r. directe du Havre
à Étretat, passant par Saint-Adresse (1.9), La Broche-à-Rô-
tir (0.6), Bléville (2), Octeville (3.9), La Poterie (13.6) et Étretat (5.3), raccourcit de 6 kil. 300 m.

Les plages de la côte du département de la Seine-Inférieure
entre le Havre et le Tréport, sont toutes à fond de galets.

De la place *Gambetta* se diriger par la rue de *Paris*
(Pavé : 6') vers la place de l'*Hôtel-de-Ville*. Sur cette
place contourner le square d'abord à g. puis à dr., pour
tourner ensuite à g., à l'angle du café *Guillaume-Tell*,
sur le bᵈ de *Strasbourg*. A l'extrémité de ce bᵈ suivre à
dr. le magnifique bᵈ *Maritime* qui longe la plage.

On passe devant le *Casino de la Reine-Christine* (**1.2**) où
commence la longue montée (45') de la Hève. Un peu
plus loin (**0.5**), laissant à dr. le ch. de Sainte-Adresse
(0.2) par lequel on pourrait gagner la r. directe d'Étretat,
continuer par celui des phares de la Hève. Il passe au-
dessus des bains de Saint-Adresse, puis décrit deux
longs lacets sur la pente escarpée de la falaise. Ayant
contourné la falaise, parvenu à hauteur du n° 27 de la
rue de la *Hève*, vis-à-vis la *sente de la Chapelle*, abandonner la r. et, tournant à g. au-dessous de la *villa
Berthe*, gravir la rue *Vacquerie*. Cette rue ramène sur le
bord de la falaise, où on tournera à dr. du *Pain de
Sucre*, monument en marbre blanc, élevé à la mémoire
du général comte Lefebvre-Desnouettes. Vous passez
devant la chapelle de *Notre-Dame-des-Flots* et arrivez au
restaurant *Belleoue* (splendide panorama sur le Havre
et l'embouchure de la Seine) où nous vous engageons
à déjeuner.

A la sortie du restaurant, se diriger vers les bâtiments du *Tir de la Société havraise* où la r. atteint le plateau. Dépassant à g. le *Sémaphore*, puis une batterie, on arrive au hameau de la Hève (**2.5**) vis-à-vis l'entrée des bâtiments des phares (on laisse seulement monter sur la plateforme du phare de g. — très belle vue — rétribution 50 c.).

En sortant des phares, descendre à g. la route du *Carrousel* conduisant dans le vallon d'Ignauval. Au bas de la côte on passe devant deux restaurants champêtres et on continue par la rue d'*Ignauval*. Parvenu vis-à-vis le n° 27 de cette rue (**2**), pour éviter un long détour, abandonner la rue d'Ignauval et monter à g. l'impasse *Houyvet*. Aux dernières maisons on gravira le sentier très dur d'une pente gazonnée, pour rejoindre la r. d'Octeville à g. (Côte : 15').

Descente dans Octeville (**5.5** — Café-rest. *Hervieu*), puis côte (8'). La r., se déroulant à travers une plaine peu intéressante, présente une montée de trois cents m. entre les *bornes 12.4 à 12.7* suivie d'une descente douce de deux kilomètres.

Après une nouvelle côte (8'), ayant dépassé la *borne 16.2* (**8.2**), on arrive à l'embranchement à g. du petit ch. de Saint-Jouin et de Bruneval.

Ici, le bicycliste peut à son choix se rendre à Etretat par trois directions différentes :

1° En continuant directement la r. d'Etretat (10.8).

2° En bifurquant à dr., à 2 kil. 300 m. au-delà du ch. de Saint-Jouin, sur la r. de Criquetot. Celle-ci conduit au bourg de Gonneville (3) où on visitera le curieux hôtel de *France*, un véritable musée, tenu par M. Aubourg. De Gonneville, abandonnant la r. de Criquetot (3) et de Goderville (6), on gagnera Etretat (8) par la Poterie.

3° En passant par les deux petites stations balnéaires de Saint-Jouin et de Bruneval, itinéraire indiqué ci-dessous.

Le ch. de Saint-Jouin gravit (2') à g. un monticule, puis serpentant à travers une campagne moins monotone, monte encore quelque temps (10') pour descendre ensuite vers Saint-Jouin (**2.7** — Hôt. de *Paris*). Traversant ce village, sitôt dépassé l'église, tourner à g.; descente rapide suivie plus loin d'un raidillon et d'une montée (3'). A g. on entrevoit de temps en temps la mer. Bientôt vous atteignez le bord d'un profond vallon boisé, très pittoresque, où conduit une descente en lacets, excessivement rapide, jusqu'à la croix de Brunoval (3.3 — Hôt. *Caron*), élevée à l'entrée d'un hameau qui ne compte que quelques feux. De ce côté, à cinq cents m., se trouve la minuscule plage de Brunoval (0.5), dominée par la tour du *château des Kroumirs* propriété de M. de Conty.

Revenir à la croix de Brunoval (0.5) et suivre à g. le ch. de la Poterie, village situé à l'extrémité du vallon sauvage de Brunoval (Côte : 35').

A la Poterie (1.9) laisser à g. le ch. du phare d'Antifer (2.5), et, contournant à dr. l'église, on rejoindra (0.6) bientôt la r. d'Octeville à Etretat qu'on montera (5')à g.

Après le village du Tilleul (2.4) on passe devant l'entrée du parc du *château de Fréfossé*, aux tourelles pointues; puis une descente rapide de deux kil. mène a Etretat.

Entrant dans cette petite ville par la rue du *Havre* on tournera dans la première rue à g. la rue *Alphonse-Karr* conduisant à l'hôt.*Hauville*, vis-à-vis la pittoresque plage d'Etretat (2.3).

Visite de la ville d'Etretat. — Promenade sur la plage. — Casino. — Monter au Calvaire, à la chapelle Notre-Dame-des-Flots et au Sémaphore. — Si on peut profiter d'une marée basse, nous recommanderons particulièrement l'excursion à la *porte d'Aval*, rocher découpé en forme d'arcade, situé à la pointe Sud de l'hémicycle formé par la plage et les falaises. Ce rocher fait pendant à celui, également ajouré, de la *porte d'Amont*, situé à l'extrémité de la falaise du Nord. De l'autre coté de la porte d'Aval on voit l'*aiguille d'Etretat* et la *Manneporte*, autre immense arcade sous laquelle un navire pourrait facilement passer.

D'ÉTRETAT A FÉCAMP

Par Bénouville, Vattetot, Vaucottes, Yport et Saint-Léonard.

Distance : **20** kil. **400** m. *Côtes* : **1** h. **25** min.

Nota. — Trajet court, mais fatigant, étant donné la nature de la route, dont le tracé forme de véritables montagnes russes. Pour les bicyclistes pressés la r. directe d'Etretat à Fécamp, moins intéressante et ne permettant pas de visiter les petites plages intermédiaires de Vaucottes et d'Yport, raccourcit de 4 kil. 100 m. et passe par Bordeaux-Saint-Clair (4), Les Loges (2), Froberville (4.5), Saint-Léonard (3.3) et Fécamp (2.5).

A l'angle de l'hôt. *Hauville* tourner à dr. dans la rue de la *Vallette*, puis encore à dr. par la rue de la *Tour* et dans celle-ci prenant la première rue à g. (deux ruisseaux), la rue *Martin-Vatinel*, continuer enfin vis-à-vis par la rue *Notre-Dame*, début de la r. de Bénouville.

Cette r., à g. de l'église d'Etretat, passe devant la gare, puis, tracée en corniche, remonte pendant trois kil. env. (35') le vallon désert de Bénouville. A hauteur de la *borne* 2.5, jolie vue en arrière vers Etretat. Parvenu sur le plateau, on arrive, après une belle avenue d'arbres, à Bénouville (**4.1**).

Près de l'église, à g. de la *borne* 4, s'ouvre un ch. conduisant au *Café Parisien* (0.1) où laissant sa machine, on pourra se faire indiquer la *valleuse du Curé*, curieux escalier avec tunnels taillés dans le roc aboutissant à la mer. — Cette excursion demande 1 h. à pied.

Aux dernières maisons de Bénouville, laisser devant soi le ch. de Goderville (11.5), par la Loge et Gerville, pour suivre à g. le joli ch. de Vattetot. Après une montée (5') on arrive, près de quelques maisons, à un carrefour (**2.1**). Ici tournant à g., vous ne tardez pas à passer devant l'église de Vattetot. Un peu plus loin une descente très rapide, en lacets, conduit au fond du pittoresque vallon de Vaucottes (**2.4**).

Au bas de la côte le ch. à g. mène à la minuscule plage en création de Vaucottes (0.6 — Chambres au modeste café des *Bains* — 9 cabines).

Remontant la pente opposée du vallon (20' — vue étendue sur la mer), on atteint de nouveau un plateau assez étroit d'où on aperçoit dans le lointain la pointe avancée de la falaise de Fécamp.

Gagnant le bord du plateau, le bicycliste descend ensuite une longue pente rapide et dangereuse, d'abord en ligne droite, puis en lacets jusqu'à l'église d'Yport (**3.1**), gros village de pêcheurs situé également au fond d'une vallée encaissée.

Pour se rendre à la plage d'Yport, ainsi qu'à l'hôt. *Tougard* (**0.3**), continuer devant soi par la rue *Alfred-Nunès* conduisant à la mer (Petit Casino. — Belle vue à l'extrémité de la jetée).

Quand on aura visité la plage, revenir sur ses pas vers l'église d'Yport (**0.3**), et suivre la r. à g. de l'église. Trois cents m. plus loin, laissant à dr. le ch. d'Epreville (5.4) et de la station des Ifs (7.0), gravir à g. la côte (25') de la r. de Fécamp.

Celle-ci s'élève parmi les fonds verdoyants et ombragés du *bois des Hogues*, découvrant une très jolie vue sur le vallon d'Yport et la descente par laquelle on y est arrivé.

Au sommet de la côte la r. ondule à travers la plaine, laissant à g., à une croix (**2**), le ch. sans poteau indicateur de Grainval (2.5).

Ce ch. passe à g. du village Criquebeuf, dont on aperçoit le clocher, puis descend dans l'étroit vallon de Grainval (modeste auberge chez *Marechal*), toute petite station balnéaire dont la plage, dans le genre de celle de Vaucottes (*V.* ci-dessus), est située à cinq cents m. à g. du bas de la côte. De Grainval un ch. ramène (côte: 10') à Saint-Léonard (1.7) sur la r. de Fécamp (2.5).

Passant à dr. du village de Criquebœuf, on ne tarde pas à rejoindre (**2**) la r. directe d'Etretat à Fécamp. Un kil. plus loin, à Saint-Léonard, commence une magnifique descente qui conduit par la rue d'*Etretat* dans Fécamp.

Parvenu à l'angle de la rue des *Bains*, à g. (**3.3**), et de la rue *Théogène-Boufart*, à dr., le bicycliste faisant étape à Fécamp a le choix entre deux directions. S'il désire s'arrêter à un hôtel situé sur la plage, il tournera à g. par la rue des *Bains* aboutissant à la mer et au *Grand-Hôtel des Bains* (0.4), établissement de 1er ordre avec prix modérés. Si on préfère loger au centre de la ville, suivre à dr. la rue *Théogène-Boufart*, dont le prolongement, la rue aux *Juifs*, mène à la place *Thiers* (**0.8**) où se trouve l'hôt. du *Chariot-d'Or et de la Place*.

Visite de la ville de Fécamp. (environ 3 h.). — Promenade sur la plage, une des plus belles de la Haute-Normandie. — Casino. — Musée de la Bénédictine. — Eglises Saint-Etienne et de la Trinité.

Excursions recommandées au départ de Fécamp. — 1e Par Colleville (6.5) à Valmont (5), où on visitera le château féodal et les ruines de l'ancienne abbaye de Bénédictins, et retour à Fécamp (11.5).

2e Par Ganzeville (5 — Beau château), Le Bec-de-Mortagne (5), Daubeuf-Serville (2.5 — Beau château), à Angerville-Bailleul (5.5), où on visitera le château de Bailleul, et retour par Annouville (2), Mentheville (2.3), Les Ifs (1.7 — Beau château), Tourville (1.5) et Fécamp (6).

Pour mémoire. — De Fécamp au Havre, par Goderville (13), Montivilliers (14), Harfleur, Graville et le Havre (16) — à Lillebonne, par Goderville (13), Bolbec (12) et Lillebonne (8) — à Rouen par Ypreville (13), Fauville (4), Yvetot (15) et Rouen (36.3 — V. page 94).

DE FÉCAMP A SAINT-VALERY-EN-CAUX

PAR NOTRE-DAME-DU-SALUT, SENNEVILLE, ELETOT, SAINT-
PIERRE-EN-PORT, LES GRANDES-DALLES, SASSETOT-LE-
MAUCONDUIT, LES PETITES-DALLES, SAINT-MARTIN-AUX-
BUNEAUX, LE VAL, VEULETTES, CONTEVILLE ET LE TOT.

Distance : **39** kil. **300** m. *Pavé* : **5** min.
Côtes : **2** h. **17** min.

Nota. — Étape très intéressante mais aussi très dure par
suite des nombreuses côtes qu'on rencontre sur le parcours.

Le bicycliste pressé ne tenant pas à visiter les plages intermédiaires, situées entre Fécamp et Saint-Valery-en-Caux,
devra suivre la r. directe qui, raccourcissant de 5 kil. 800 m.,
passe par Bondeville (7), Cany (14 — Hôt. de *France*) et
Saint-Valery-en-Caux (12.5). Cette r. ne présente que deux
longues côtes de deux kil. env. chacune, la première au départ de Fécamp, la seconde à Cany, pour traverser la vallée
de la Durdent.

Dans notre itinéraire, à la sortie de Fécamp, pour rejoindre
la r. de Senneville, nous avons indiqué un *raccourci* évitant
un assez long détour. Les quelques cents m. peu agréables
pendant lesquels on devra pousser sa machine à la main,
seront largement compensés par la vue admirable dont on
jouira en montant au phare de Fécamp.

Au départ de Fécamp, revenir à l'angle de la rue
d'*Etretat* et de la rue des *Bains* **(0.7)**, et descendre la
rue d'Etretat en se dirigeant vers les bassins. Traverser
un premier pont vis-à-vis, puis, à l'extrémité du *Grand
Quai* (Pavé : 3'), une passerelle précédée de quatre
marches.

De l'autre côté de la passerelle, le bicycliste préférant
se rendre directement à Saint-Valery, par Cany, devra
suivre le quai à dr. et, à un kil., il trouvera à g. la r. de
Cany.

Le vrai touriste voulant visiter les plages intermé-

diaires entre Fécamp et Saint-Valery-en-Caux, tournera
à g. de la passerelle, puis cinquante m. plus loin, à
l'angle de la maison de la rue *Sous-le-Bois*, avec réver-
bère, n'hésitera pas à gravir à dr. une ruelle escarpée
(200 m. seulement très désagréables) se prolongeant
par un sentier, un moment caillouteux, ensuite gazonné
en inclinant à dr., pour atteindre la villa des *Peupliers*.
Continuant à dr. on rejoint, au poteau de l'*avenue des
Peupliers*, la bonne route.

Ici tourner à g. ; magnifique panorama sur Fécamp.
Près d'arriver au sommet de la côte (30'), on passe entre
le phare (curieux à visiter) et le café de la *Chapelle*,
ainsi nommé de la petite église voisine dédiée à Notre-
Dame-du-Salut.

Plus haut, vous laissez de côté les tribunes du *champ
de courses* et entrez sur le territoire de Valmont. Le ch.,
tracé sur la plaine des falaises, est assez monotone. De
temps à autre une coupure de la falaise permet d'apercevoir la mer.

Descente dans le creux boisé de Senneville (**5**). Ayant
dépassé l'église de un kil env., suivre le deuxième ch.
à g. qui, toujours par la plaine des falaises (deux montées 4' et 7', séparées par la descente très rapide d'un
raidillon), vous conduira à la bifurcation des ch. de
Bondeville, à dr., et de Saint-Pierre-en-Port à g. Suivant cette dernière direction, on passe devant la jolie
mare d'Elétot (**3.6**) qu'on laisse à dr. pour descendre
presque aussitôt dans le pittoresque vallon de Saint-
Pierre-en-Port. Au bas de la descente (**2.9**), ne prenez
pas le ch. qui remonte à dr. vers Saint-Pierre-en-Port,
mais dirigez-vous à g. vers la mer. Un peu avant d'atteindre la nouvelle plage (Casino minuscule; jolies propriétés), le ch. tourne à dr. et passe devant l'entrée de
l'hôt. des *Terrasses et de la Plage* (**0.8** — Très belle
vue sur la mer du jardin de l'hôtel).

A partir de cet endroit, la r. remonte au village de Saint-
Pierre-en-Port; mais, pour éviter un assez long détour
on pourra prendre à g., trois cents m. après l'hôtel, un
nouveau ch. escarpé (Côte : 20'), qui, raccourcissant,
passe à proximité du village et, laissant l'église de Saint-
Pierre-en-Port à dr., rejoint (**0.7**) la bonne r. des
Grandes-Dalles qu'on devra suivre à gauche.

De nouveau on retrouve la plaine des falaises; à dr.
s'élève une vieille croix en pierre. Plus loin, à la *borne 49*,
commence une longue descente à travers le très beau
vallon des *Grandes-Dalles*. Au bas (**2.2**), laisser à g. la
direction de la plage en formation des Grandes-Dalles
(0.8 — on trouve des chambres au café de la *Plage*), qui
offre peu d'intérêt, et gravir la côte à dr. Celle-ci, longue
de 1.400 m. (18'), mène à Sassetot-le-Mauconduit (**2.3**).
Aux premières maisons de ce village suivre à g. une
belle avenue ornée de bancs, puis tourner à dr. pour
arriver à la place de l'église. Ici prendre à g. en passant
devant le portail de l'église; quelques m. plus loin, on
laisse à dr. le ch. de Cany (8.7), ensuite contournant, toujours à g., le parc d'un très beau château moderne, on
arrive par une magnifique descente à l'entrée des Petites-Dalles (**1.9**), gracieuse station balnéaire avec jolis
chalets. Continuant tout droit on arrivera à la plage
(**0.7**), à proximité de l'hôt. des *Bains* et du petit Casino.

Après avoir jeté un coup d'œil sur la plage, revenir
sur ses pas et, à trois cents m. (**0.3**) de l'hôt. des Bains,
suivre la première r. à g. Longue côte en lacets (25')
pour atteindre, après avoir laissé à dr. le ch. de Sasse-
tot (1.7), le hameau de Vinchigny (**1.7**) où se détache à
dr. le ch. de Ouainville (6).

Plus loin, à l'église de Saint-Martin-aux-Buneaux
(**0.9**), en vue d'un portail entouré de lierre, abandonner
le ch. de Paluel (7.2) et tourner à g. pour contourner le
cimetière.

Notre r. descend au hameau du Val (**1.3**) dans un joli
fond boisé, puis monte (5') à travers une plaine monotone qu'ondule un pli de terrain (côte: 3'). A g., la nappe
azurée de l'Océan borne l'horizon sur une vaste étendue.

L'arrivée à Veulettes diffère de celles des précédentes
stations balnéaires; elle charme dans un autre genre.
La r., qui domine la vallée de la *Durdent* et les bains, semble conduire le bicycliste à une chute certaine du haut
de la falaise. Il n'en est rien, car par des courbes gracieuses et savamment ménagées, on est amené doucement, au milieu d'un site enchanteur, à la belle plage de
Veulettes (**2.9**).

Passant entre la galerie vitrée de l'hôt. de la *Plage* et
les bains, on continuera tout droit en traversant la

large vallée de la *Durdent*, petite rivière que vous franchirez au Pont-Rouge (**0.9**) où se détache à dr. le ch. de Paluel (3) et de Cany (8.2).

Ici gravir à g. la r. de Saint-Valery s'élevant (20') à flanc de colline pendant 1.400 m. et découvrant une vue d'ensemble sur les gras pâturages de la vallée et le cirque formé par la plage de Veulettes.

Parvenu à l'église de Conteville (**1.7**), on laisse encore à dr. un autre ch. vers Paluel (2) et Cany (7.2); puis la r. ondule de nouveau sur une de ces trop monotones plaines, formant séparation entre les plages qu'on visite. Après une montée (5'), on atteint la lisière du bouquet de bois où s'abrite le hameau de Tot (**2.9**). Au sortir du bois, apparaît à g., dans le lointain, le sémaphore de Saint-Valery. Descente légère, ensuite plus rapide au tournant d'une bifurcation.

Vous entrez dans la petite ville et port de Saint-Valery, par la rue *Saint-Léger*. Vis-à-vis le bassin, tourner à dr. sur le quai du *Havre*; puis, traversant le pont à g. et laissant de ce côté l'hôt. de la *Paix*, dirigez-vous à dr. de l'Hôtel-de-Ville, par la place du *Marché*. Passant à dr. de l'église et suivant la rue des *Bains* (Pavé: 2'), vous arriverez vis-à-vis la grille du Casino et des bains de Saint-Valery-en-Caux. A g. est situé l'hôt. de la *Plage et du Casino* (**4.9**).

Visite de la ville de Saint-Valery-en-Caux. — Promenade sur la plage et à la jetée. — Ascension de l'une des deux falaises qui encadrent la plage, vue merveilleuse sur le port, la ville et la mer.

Pour mémoire. — De Saint-Valery-en-Caux à Rouen, par Doudeville (17), Croix-Mare (15), Barentin et Rouen (28.2. — *V.* page 95).

DE SAINT-VALERY-EN-CAUX A DIEPPE

PAR VEULES, SOTTEVILLE, SAINT-AUBIN, QUIBERVILLE,
. SAINTE-MARGUERITE, LE PHARE D'AILLY, VARENGEVILLE,
LE MANOIR ANGO ET POURVILLE.

Distance : **38** kil. **400** m. *Pacé* : **13** min.
Côtes : **2** h. **15** min.

Nota. — Etape très accidentée. De Veules à Dieppe, par la
r. directe, V. page 30.
De Dieppe, le bicycliste pressé ne voulant pas continuer le
voyage jusqu'à Eu (V. page 37), mais préférant revenir directement à Rouen, devra se rapporter à l'itinéraire de *Dieppe à
Rouen* indiqué à la page 40.

Sortant de l'hôt. de la *Plage*, tourner à dr. sur le
quai, puis encore à dr., vis-à-vis la grille du Casino, par
la rue des *Bains*; passer derrière l'église et continuer,
par la rue montante et pavée (3') en face, appelée rue
Nationale. Celle-ci rejoint bientôt (0.5) la r. de Dieppe
qu'on monte à gauche.
Longue côte de deux kil. (30') pour atteindre la bifurcation du ch. de Fontaine-le-Dun (11.3) à dr.; continuer à g. par la r. de Dieppe, qui s'élève encore, mais
plus doucement pendant sept cents m. env. Traversée
d'un large plateau dénudé, puis descente insensible. A
la *borne* 72.3, on croise le ch. de communication de Paluel (13.3) à Veules (2.5), mais il est préférable de continuer par la r., dont la pente s'accentue à partir de
la *borne* 73, vers le joli vallon de Veules.
Au bas, parvenu à hauteur de la *borne* 75 (**7.2**), si l'on
désire s'arrêter à Veules pour visiter la plage et son petit

Casino, prendre la r. à g., conduisant directement à la mer (0.8), ainsi qu'à l'hôt. de la *Place*, voisin de l'Eglise.

De Veules à Dieppe, on a le choix entre deux r. : soit par notre itinéraire, plus long de 4 kil. 100 m., destiné au vrai touriste, qui permet de visiter la plage de Quiberville, le phare d'Ailly, le manoir Ango et la plage de Pourville ; soit par la r. directe, que pourra prendre le bicycliste pressé. Cette r. débute par une première côte (25') et passe au Bourg-Dun (7 — Hôt. de *Dieppe* — Côte : 15'), à Ouville-la-Rivière (5 — Côte : 15') à Appeville (9 — Côte : 30') et Dieppe (4).

Pour mémoire. — De Veules à Rouen, par Fontaine-le-Dun (8.5), Saint-Laurent (7.5), Yerville (9), Pavilly (12.5), Barentin (2.5) et Rouen (17.7 — *V.* page 95).

De la plage de Veules ou de l'hôt. de la *Place*, revenir sur ses pas à la r. de Dieppe (0.8). Ici, laissant la r. directe (*V.* plus haut) tourner de suite à g. par le ch. bordé d'une balustrade grise, pour gravir la côte (18' — vue d'ensemble sur Veules) et retrouver, au sommet, la plaine des falaises précédant Sotteville (2.8).

Dans ce village, prendre à dr., puis contourner la mare à g., et, à la première bifurcation, suivre encore à g. Nouvelle plaine traversée d'un pli de terrain (Côte : 3'), ensuite descente vers le bois entourant le hameau du Mesnil-Gaillard. Une autre côte, plus longue (6'), précède la descente menant au gracieux village de Saint-Aubin où on tournera à dr. en passant devant l'église (3.6).

A l'angle du cimetière, un ch. à g. conduit (0.4) à la plage de Saint-Aubin. On y trouve seulement deux chalets et le rest. *Parisien* où on peut louer des chambres.

Plus loin, la r. emprunte un moment la magnifique avenue du château de Saint-Aubin puis, laissant devant vous la direction du Bourg-Dun (3), tournez à g. pour traverser la vallée du *Dun* et deux petits ponts. D'ici on peut apercevoir à g. la plage dénudée de Saint-Aubin.

Petite côte très dure (10'), au hameau de Ramouville, pour regagner la plaine. Dans le lointain, sur la *g.*, apparaissent le clocher de Quiberville et, plus éloigné, le phare d'Ailly.

A l'entrée de Quiberville, tourner à dr. en passant devant la croix; ensuite une courte montée (3') amène au bord de la large vallée déboisée de la *Saâne*. Belle descente pour gagner la plage, assez triste, de Quiberville (**4.9** — Hôt. des *Bains*).

Quand on aura traversé la vallée, gravir la côte opposée (20'). Parvenu à l'église du village de Sainte-Marguerite (**2**), pour raccourcir, monter à g. (10'), vis-à-vis l'église, le large ch. cailouteux bordé d'arbres, qui évite les lacets de la r. qu'on quitte. On arrive ainsi sur un plateau aride couvert de bruyères et bientôt on entrevoit, vers la g., derrière un rideau d'arbres, la tour blanche du phare d'Ailly. Vous passez sous la ligne télégraphique du sémaphore et atteignez, près d'une croix, l'extrémité du plateau, vis-à-vis l'entrée du restaurant des *Sapins*.

Ici suivre à g. le ch. qui vous conduira au phare d'Ailly (**2** — De la lanterne du phare, vue magnifique des côtes depuis Saint-Valery à Cayeux — rétribution : 50 c.)

Après avoir visité le phare, revenir sur ses pas par le même ch. jusqu'à la r. de Dieppe qu'on prendra à g. (**0.9**). Celle-ci, très jolie, conduit à un premier carrefour, situé à l'entrée de Varengeville, où on laisse à g. le ch. de l'église et à dr. celui de Longueil (**4.8**). Un peu plus loin, dans Varengeville (**2.6**), en vue du débit *Letailleur*, quitter la r. de Dieppe et descendre à dr. le ch. romantique conduisant au manoir Ango. Plus bas, on tourne à g. et on s'arrêtera à une barrière en bois, maintenue de chaque côté par deux pilliers carrés construits en pierrres et briques. C'est l'entrée du manoir Ango (**0.9**), domaine qui appartenait autrefois au célèbre armateur dieppois *Ango*, vivant au xv° siècle et comblé d'honneur par le roi François I°r.

Ayant passé la barrière, on traversera le manoir Ango (jolies arcades et vestiges de médaillons sculptés), aujourd'hui transformé en ferme, et, sortant par la porte opposée de la cour, on suivra un ch. qui près du manoir mène à un croisement de r. A ce croisement, tourner à

g. sous une avenue d'arbres splendides, puis au premier ch. se diriger à droite.

Un peu après la *borne 108*, faire attention, car on atteint le carrefour d'Hautot (**1.8**), où on devra, sans se laisser entraîner à dr. sur la r. de Saint-Aubin-sur-Scie (6.2), continuer à g., dans la direction de Dieppe. Longue descente pour arriver à la plage très fréquentée de Pourville (**2.2** — Charmant Casino ; restaurant renommé de premier ordre, chez Graff), située à l'entrée de la vallée de la *Scie*.

Quand on aura traversé la vallée, ici très découverte, on gravira la falaise opposée, dite de la *Cande-Côte*, par une r. en lacets s'élevant (35') pendant deux kil.. Au sommet de la côte, et à la descente, vue splendide sur la ville de Dieppe et la vallée d'*Arques*.

On arrive dans Dieppe par la rue *Caroline*, mais au bas, à hauteur du n° 21, suivre à g. la rue *Toustain*. Quelques m. plus loin commence le pavé (10') de la rue de la *Barre*, dont le prolongement, la *Grande Rue*, conduit à la place *Nationale*, où s'élève la statue de Duquesne. Sur cette place est situé l'hôt. du *Commerce* (**5.4** — Cafés *Suisse*, de la *Bourse*).

Visite de la ville de Dieppe. (Une journée). — Promenade le long des bassins, sur la jetée et la plage. — Magnifique Casino. — Eglises Saint-Jacques et Saint-Remy.

Excursion recommandée au départ de Dieppe. — Au Château d'Arques (13 kil. aller et retour). *Itinéraire :* Au sortir de l'Hôt. du *Commerce*, traverser à g. la rue *Saint-Jean*, puis suivre la rue du *Mortier-d'Or* (Pavé : 4'), à g. de l'église Saint-Jacques, dont le prolongement, la rue *Neuve*, conduit à la petite place du *Marché-aux-Veaux*. Traverser cette place en biais, à dr., et prenant à g. la rue *Descroizilles*, on arrivera au quai *Bérigny*. Ici, tourner à dr., puis à l'extrémité du bassin, à g., par le quai de *Lille*. Continuant ensuite par les rues *Thiers* et du *Général-Chanzy*, on se trouvera sur la r. d'Arques. Celle-ci, remontant la vallée d'Arques, passe entre la ligne du ch. de fer et le pied des collines, laissant à g. le champ de courses. Plus loin, la r. bordée d'arbres, traverse le hameau de Bouteilles, puis le village de Machonville et après une montée, suivie d'une descente, on arrive devant l'*Hôtel du Château d'Arques* (6). Laisser sa machine en garde à l'hôtel et, se faisant indiquer le ch., monter à pied aux belles et intéressantes ruines du Château (0.5 — vue splendide sur la vallée d'Arques, théâtre du fameux combat où Henri IV fut vainqueur et gagna sa couronne).

En descendant du château, visiter l'église d'Arques, puis reprendre sa machine à l'hôtel et revenir à Dieppe (6.5).

Pour mémoire. — De Dieppe à Beauvais, par Arques (7), le carrefour d'Archelles (1), Saint-Aubin (4), Saint-Vaast-d'Equiqueville (8), Saint-Valery-sous-Bures (5), Mesnières (6), Neufchâtel-en-Bray (6), Gaillefontaine (16), Saint-Samson (13), Songeons (11), Crillon (5), Troissereux (10) et Beauvais (6).— à **Rouen** (57 ou 63 — V. page 40).

2

DE DIEPPE AU TRÉPORT

PAR LE POLLET, PUITS, BRACQUEMONT, BELLEVILLE, BERNEVAL, SAINT-MARTIN-EN-CAMPAGNE, BIVILLE, TOCQUEVILLF, CRIEL ET FLOCQUES.

Distance : **32** kil. **700** m. *Pacé :* **12** min.
Côtes : **1** h. **8** min.

Nota. — Notre itinéraire permet de visiter les petites plages de Puits et de Berneval.

La r. nationale, du Pollet à Criel (19.8), très monotone, passe directement par Saint-Martin-en-Campagne. Le bicycliste pressé, négligeant notre détour par les plages de Puits et de Berneval, pourra donc la suivre.

En sortant de l'hôt. du *Commerce*, tourner à g. dans la rue *Saint-Jean* (Pavé : 12'). Franchir le pont vis-à-vis, puis longer le quai du *Carénage*. Traverser un second pont et suivre, en face, la *Grande rue du Pollet*, un des faubourgs de Dieppe.

Un peu plus loin, laissant à dr. l'hôt. de *France* et l'embranchement (**0.7**) de la r. directe d'Eu (30), monter à g. la rue de la *Cité-des-Limes* (Côte : 12').

Du sommet de la côte on descend aussitôt dans le vallon de Puits. A un premier tournant, laisser à dr. la r. de Bracquemont (1.8) et continuer à descendre jusqu'à la plage (**2.9**), en passant au-dessous du somptueux hôtel *Bellevue*.

De la plage, revenir sur ses pas et, longeant le mur de soutènement de l'hôt. Bellevue, monter (5') le charmant ch. creux de Bracquemont, village où on arrive par une côte très dure (10').

Dans Bracquemont, dépassant une première grande mare à g., on continuera tout droit; plus loin, à la croix, laisser la petite mare à dr. et suivre à g. (2.7) le ch. de Berneval-le-Grand.

Nous retrouvons la plaine des falaises, puis passons à Belleville (1.7). Au delà de l'église de cette localité, tourner à dr. ensuite presqu'aussitôt à g. L'éternelle plaine de la falaise, creusée par un pli de terrain (Côte 3'), sépare Belleville de Berneval-le-Grand.

A l'entrée de ce village, tournant à g., on arrivera sur la place de la mare (1.4). Ici, pour se rendre à la mer; traverser le village à g. puis, un peu plus loin, prendre à l'angle d'une maison et à dr. le ch. de la plage de Berneval, indiqué par un poteau indicateur. Longue et rapide descente jusqu'à l'hôt. de la *Plage* (1.6), où on pourra s'arrêter pour déjeuner, et descendre ensuite à pied sur le bord de la mer (0.3) par une curieuse gorge creusée entre deux falaises.

De Berneval on remontera (15') par le même ch. mais, pour raccourcir et éviter de repasser par Berneval-le-Grand, on devra, parvenu presqu'au sommet de la côte (1), au lieu de tourner à dr. dans le ch. creux, bordé d'arbres, menant à Berneval-le-Grand, continuer vis-à-vis, par le ch. plus étroit et mal entretenu (à pied : 3') qui, deux cents m. plus loin, regagne, dans la plaine, la bonne r. de Saint-Martin-en-Campagne à gauche.

A l'entrée de ce village, tournant à dr., dirigez-vous vers l'église (2.8) et suivez le ch. longeant le cimetière, pour rejoindre (0.7) la r. nationale de Dieppe à Eu, à gauche.

Cette r. excellente est tracée en ligne droite sur une plaine des plus monotones ; elle s'élève pendant quatre cents m., puis descend insensiblement à partir de la *borne 112*. On dépasse Blaville (2.4), Tocqueville (3), ce dernier village au début d'une descente de deux kil. et demi, pendant laquelle on domine un large vallon solitaire et aride qui vient se confondre avec la vallée de l'*Yères*, à l'entrée du bourg de Criel (Hôt. de *Rouen*).

Ayant traversé le petit pont sur l'Yères, on arrive à hauteur de l'église (3.4), où se détache à g. le ch. conduisant à la plage de Criel.

La belle plage de Criel, située à 2 kil. (à plat) du village et à l'embouchure de la vallée de l'Yères, est encore en voie de formation. On y trouve une seule maison, l'hôt. de la *Plage*. C'est un séjour calme par excellence.

Dépassant l'église de Criel, la r. d'Eu, inclinant à g., monte assez rapidement pendant quatre cents m. (5') puis s'élève plus doucement, à travers un vallon des moins intéressants, jusqu'à la *borne 123*. Ici (**2.2**) quitter la r. nationale d'Eu (7) qui s'écarte à dr. et continuer à g. dans la direction du Tréport. On monte encore pendant 1.200 (15'), avant de retrouver la plaine et de passer à Flocques (**2**).

Un kil. env. après Flocques, commence une très belle descente longue de deux kil., pendant laquelle on a une vue admirable sur la petite ville du Tréport, située à l'embouchure de la vallée de la *Bresle*.

Entrant dans le Tréport par la rue de la *Chapelle* on suivra directement le quai jusqu'à l'hôt. des *Bains*, voisin de la plage (**4.2**).

Visite de la ville du Tréport. — Promenade sur la plage et à la jetée.— Casino.— Ascension du Calvaire (vue splendide). — Eglise Saint-Jacques.

DU TRÉPORT A DIEPPE

PAR MERS, EU, CRIEL, TOCQUEVILLE, BIVILLE, SAINT-
MARTIN-EN-CAMPAGNE ET LE POLLET.

Distance : **36** kil. **600** m. *Pacé* : **47** min.
Côtes : **52** min.

Nota. — D'Eu à Dieppe par le ch. de fer, *V.* page 38.

De l'hôt. des *Bains* revenir sur ses pas par le quai
qu'on a suivi en arrivant au Tréport, et, parvenu à hauteur de l'hôt. des *Voyageurs*, tournant à g., traverser un
premier pont; ensuite, un peu plus loin, un second pont en
bois sur la *Bresle*. On passe devant la gare et on arrive
bientôt par une r. découverte, bordée de terrains vagues,
aux premières maisons de Mers (**1.8**), jolie plage qui ne
semble faire qu'une avec celle du Tréport.

La plage étant seule intéressante à Mers, suivez à
pied (15') le nouveau ch., en création, vous conduisant
à la mer, située à cent m. à g. Passez devant le Casino
et longez les gracieuses habitations qui bordent la plage
jusqu'à hauteur de la petite villa *Bienvenue*, portant le n°15.
Ici prendre à dr. la rue *Traversière* et, à son extrémité,
suivre à dr. la rue *Jules-Barni*. Cette rue, un peu plus
loin, longe une prairie à dr. et passe devant l'hôt. de la
Plage (**0.8**). Continuer par la rue de la *Prairie* pendant
cent m., puis tourner à g. sur la *route Nationale*.

La r. nationale, avenue plate, relie Mers à la petite
ville d'Eu.

A l'entrée d'Eu, à la *place d'Amiens* (**2.9**), quitter la r.
de Gamaches (15 — direction d'Amiens, à 71 kil. d'Eu),
et laissant à g. les r. de Saint-Valery-sur-Somme (17) et
d'Abbeville (31), pénétrez à dr. dans la ville d'Eu, par la
longue *Chaussée de Picardie* (Pavé : 20').

Vous passez devant le *quartier Morris*, dépôt de remonte, et traversez un petit pont sur la *Bresle*.

Plus loin, après le passage à niveau du ch. de fer **(0.5)**, se détache à dr. la rue de la *Trinité*, conduisant à la gare, et à g. le ch. de communication n° 146, conduisant sans pavé à l'extrémité opposée de la ville, à la place *Mathomesnil* (1.2), au début de la r. directe de Dieppe.

Continuant par la *Chaussée de Picardie*, ensuite montant la rue de l'*Abbaye*, on atteint la place *Notre-Dame* **(0.5)**, sur laquelle sont situés : à dr., l'église Saint-Laurent qui précède le château, et à g. l'hôt. du *Commerce et du Cygne* ainsi que le café de *Paris*.

Visite de la ville d'Eu. — Eglise Saint-Laurent, — Chapelle du Collège. — Le château d'Eu, dont la façade n'offre rien de particulier, n'est plus visible à l'intérieur. Il appartient depuis la mort du Comte de Paris, à son fils le duc d'Orléans.

Excursion recommandée au départ d'Eu. — Au *mont d'Orléans*, dans la forêt d'Eu (10 kil.). *Itinéraire* : De la place Notre-Dame suivre la *Grande rue*, puis la rue de *Normandie* conduisant à la place *Mathomesnil*. Sur cette place prendre à g. la r. de Neufchâtel-en-Bray (42), et, sept cents m. plus loin, après avoir passé sous la *ligne d'Eu à Dieppe*, continuer à g. par le ch. de la ferme des Hayettes et du village de Saint-Pierre-en-Val. On passe ensuite à la Madeleine, puis, prenant la *route Clémentine* à son point de jonction avec la route de Blangy à Eu, on gravira le plateau du mont d'Orléans d'où on découvre une vue magnifique sur la forêt et la vallée de la Bresle. Du mont d'Orléans descendre à Haincheville, ensuite par Ponts et Harancourt, revenir à Eu, en longeant la forêt et le bois l'Abbé.

Nota. — D'Eu à Dieppe, la r. étant peu intéressante et déjà en partie connue par le bicycliste, entre Criel et Saint-Martin-en-Campagne, on pourra revenir à Dieppe par le chemin de fer, en profitant du train qui part d'Eu vers 6 h. du soir et arrive à Dieppe vers 7 h. On se rend de la place *Notre-Dame* à la gare (0.4), en descendant la rue de l'*Abbaye* (Pavé : 3') où on prendra plus bas, à l'angle de l'hôt. du *Téléphone*, la rue de la *Poste*, à g., ensuite, après deux petits ponts sur la Bresle, l'*avenue de la gare*, à gauche.

De l'autre côté de la place *Notre-Dame*, la *Grande rue* (Pavé: 15'), à laquelle fait suite la rue de *Normandie*, aboutit à la place *Mathomesnil* (**0.5**), au début de la r. de Dieppe.

Celle-ci monte pendant env. un kil. (12'), laisse (**2.5**) à dr. le village d'Étalonde et arrive au croisement (**2.5**) du ch. du Quesnay (1) à Heudelimont (1.5). Ici continuer par la r. de Criel, à dr. descendant à la bifurcation (**1.2**) de la r. du Tréport. La descente se prolonge jusqu'à Criel (**2.2**).

Au delà de Criel, longue montée de deux kil. et demi (40') jusqu'à Tocqueville (**3.4**), pour regagner le large plateau qui sépare Criel de Dieppe. Sur ce parcours on rencontre les villages de Biville (**3**), de Saint-Martin-en-Campagne (**3.5**), de Graincourt (**3**). A hauteur de Neuville notre r. rejoint (**6.3**) celle venant de Neufchâtel-en-Bray (41) par Londinières et Envermeu.

Descendant au Pollet (**1.3**) par la *Grande rue du Pollet*, on arrivera aux bassins de Dieppe (Pavé : 12'). Après avoir traversé un premier pont, suivre le quai du *Carenage*, franchir un second pont et par la rue *Saint-Jean*, vis-à-vis, vous vous retrouverez sur la place *Nationale* (**0.7**), à l'angle de l'hôt. du *Commerce*.

DE DIEPPE A ROUEN

Par Saint-Aubin-sur-Scie, Longueville, Auffay, Saint-Victor-l'Abbaye, Clères, Malaunay et Maromme.

Distance : **63** kil. **400** m. *Pavé* : **38** min.
Côtes : **1** h. **11** min.

Nota. — Cet itinéraire, qui permet de visiter les vallées de la Scie et de la Clères, offre un des plus jolis parcours de la Haute-Normandie.

En quittant l'hôt. du *Commerce*, traverser à g. la rue *Saint-Jean*, puis suivre la rue du *Mortier-d'Or* (Pavé : 4'), à g. de l'église. La rue *Neuve*, prolongement de la rue du Mortier-d'Or, mène à la petite place du *Marché-aux-Veaux*. Traverser cette place en biaisant à dr., ensuite prendre à g. la rue *Descroizilles* qui vous conduit au quai *Bérigny*. Tourner à dr. sur ce quai et, à son extrémité, continuer par la rue *Claude-Groulard* qui longe la place du Marché aux bestiaux à g. Devant le bâtiment de l'*École communale de filles*, gravir à g. (Côte : 12') la large rue *Gambetta*, début de la r. de Rouen.

Parvenu au sommet de la côte, à l'octroi (**1.7**), on laisse à dr. la r. d'Ouville (10.750 — r. directe de Dieppe à Saint-Valery-en-Caux) et après deux nouvelles montées, l'une de 400 m. et l'autre de 600 m. (5' et 6'), perdant de vue la vallée d'Arques à g., on atteint (**2.2**) un carrefour où se détache à g. la r. de Torcy (12.5) et de Gournay (70.5). Continuer à dr. par la belle r. de Rouen.

Magnifique descente de deux kil. et demi dans la vallée de la *Scie*. Vous passez à Saint-Aubin (**2.9**), puis, deux kil. plus loin, à Sauqueville où on traverse la rivière et le passage à niveau de la *ligne de Dieppe à Rouen*. Trois cents m. après le passage à niveau, vous atteignez la bifurcation (**2.2**) des deux r. conduisant l'une et l'autre à Rouen. Celle de dr., la grande r., peu intéressante, passe par Tôtes et celle de g., que nous indiquons, par Auffay, les deux r. se rejoignant à Malaunay.

La r. nationale de Rouen (plus courte de 5 kil. 900 m.) monte pendant deux kil. (25') pour atteindre un plateau sans intérêt. Successivement elle traverse les villages d'Omonville (6),de Belmesnil (3), de Biville-la-Baignarde (6) et de Tôtes (4.5 — Hôt. du *Cygne*). De Tôtes aux Cambres (12) quelques ondulations. Des Cambres à Malaunay (5), descente presque continuelle, très rapide et dangereuse pendant deux kil. en arrivant à Malaunay.

Suivant à g. le délicieux ch. de la vallée de la *Scie*, dont les sites font le bonheur des artistes, on passe au pied d'un petit château en brique, flanqué de tourelles du plus joli effet. Deux raidillons de deux cents m. chacun (5'), puis successivement vous traversez Manchouville (**1.0**), Anneville (**0.7**), Crosville (**0.6**), Denestanville (**1.2**), autant de gracieux petits villages dans des nids de verdure, entourés d'arbres et de vergers.

Aux dernières maisons de Denestanville,remarquer le joli château situé à dr. sur la hauteur; petite côte (3'). Plus loin on laisse à g. Longueville (**2.5** — Hôt. de l'*Ecu-de-France*), un des villages les plus importants du parcours. Légère montée s'accentuant (2') pour atteindre, 500 m. après Longueville, le carrefour de Saint-Crespin. Ici faire attention: ne pas se laisser entraîner devant soi dans la direction de Belmesnil, mais suivre à g. le ch. conduisant vers Auffay. Vous passez devant l'église et l'original petit château de Saint-Crespin, à g. (**1.3**). Un peu plus loin, à la *borne 8.2*, le ch., tournant brusquement à g.,traverse le passage à niveau du ch. de fer, puis la Scie, cette rivière déjà sensiblement diminuée de largeur.

Sous l'ombrage de beaux arbres,on monte (4') à flanc de coteau en dominant la vallée qu'égayent plusieurs moulins. Descente rapide de quatre cents m. au hameau du Catelier; ensuite le ch. presque à plat, longeant la voie ferrée, atteint le carrefour du Pont-Rouge (**4.7**) où se détache à dr. le ch. de Belmesnil (6.6). Tourner à g., puis, cinquante m. plus loin, laissant à g. le ch. montant à Notre-Dame-du-Parc (1.1), reprendre à dr. la direction d'Auffay.

A Heugleville (**2.2**) se détache à dr. le ch. de Gonneville (4.530). Le nôtre s'élève de nouveau pour descendre ensuite au gros bourg d'Auffay (**1.5**) pourvu le soir d'un éclairage à la lumière électrique.

Traverser la place de l'église (remarquer l'horloge
avec deux personnages : *Houzou Benard* et *Paquet Si-
vière* qui sont chargés de sonner les heures) et continuer par la rue vis-à-vis, passant devant les halles (à
dr. l'hôt. de l'*Aigle-d'Or*, tenu par M. H. Eloi).

A l'extrémité de la place des Halles, tournant à dr.
traverser le ch. de fer, puis de l'autre côté de la ligne
suivre à g. Vous trouvez ici quatre cents m. pavés (4').
Cent m. après l'église de Saint-Denis (**1.8** — petite
montée), laissant à dr. un ch. vers Tôtes (4.5), on continuera à g. par la vallée de la Scie.

Vous passez au bas de l'église de Vassonville (**1.4**);
petite montée (3'). A hauteur de la *borne 28* (montée : 2'),
on aperçoit de l'autre côté de la vallée une assez curieuse tour carrée en briques rouges, voisine d'une
sorte de pigeonnier de même couleur.

Deux cents m. après l'église de Saint-Maclou-de-Fol-
leville (**2.1**), se détache encore à dr. un nouveau ch.
pour Tôtes (4.9). Le nôtre, laissant à g. la station du ch.
de fer et à dr. la source de la Scie, gravit la côte (10')
conduisant à Saint-Victor-l'Abbaye. Parvenu à hauteur
de l'église (**1.2**), tourner à g. dans la direction de Clères.

Descente rapide longue d'un kil. dans un joli ch.
creux. Au bas se méfier de la barrière du passage à niveau. Un peu plus loin on monte (6') à travers une région pittoresquement accidentée pour atteindre un
plateau agréable, large d'environ cinq kil., séparant la
vallée de la Scie de celle de la Clères. Au carrefour
d'Etaimpuis, voisin du hameau de Lœuilly (**4.2**), on
coupe le ch. de Bosc-le-Hard (4.3) à Tôtes (7.2).

La r., ondulant, passe à Grugny (**2**), ensuite descend dans un profond vallon boisé. Au bas de la descente, laisser à g. le ch. du Mesnil-Godefroy et tourner
à dr. pour traverser le bourg de Clères (**2.9** — Hôt. du
Cheval-Noir). A l'extrémité de la place de la Halle continuer à dr. La r. cotoie le parc du joli château renaissance du comte de Béarn, puis descend jusqu'à Rouen
la ravissante vallée de la *Clères*.

Successivement on passe au Tôt (**2.6**), précédé et
suivi de deux petites montées de trois cents m., ensuite
à Monville (**4.2**), gros village précédé également d'une
montée de deux cents mètres.

Dans Monville, en vue de l'église, suivre à g. la rue
de la *République*, passant entre l'église et la r. de Bosc-
Guérard (3.250) et d'Isneauville (9). Au sortir de Monville, une côte (4'), puis montée légère au hameau de la
Maison-Rouge, enfin descente vers Malaunay (3.4), où
on rejoint à dr. la r. nationale de Dieppe, par Tôtes.

A partir de Malaunay, le joli aspect de la vallée est
absolument gâté par le long faubourg industriel que
forme les localités rapprochées du Houlme (2.4), de
Notre-Dame-de-Bondeville (2.5 — montée de trois
cents m.), de Maromme et de Deville. Après une côte
(5') on atteint à Maromme la place de la *Demi-Lune*
(0.6), où se détache à dr. la r. du Havre, par Barentin
(11.1) et Yvetot (29.5).

Depuis Maromme, vous côtoyez la ligne du tramway
de Rouen qui traverse le faubourg de Déville (1.6).
Cependant, au-delà de la mairie de Déville, lorsque la ligne tourne à dr. en descendant une sorte d'avenue, on
devra abandonner sa direction pour monter, vis-à-vis,
la large *rue du Mont-Riboudet* (Côte : 4'). Celle-ci descend ensuite très rapidement à l'octroi de Rouen, où
elle prend le nom d'*avenue du Mont-Riboudet*. Suivre
cette avenue dans toute sa longueur. A partir du n° 148
commence le pavage de Rouen (long de 2 kil. 300 m.
30'). Successivement on longe les quais du *Mont-Riboudet*, du *Havre*, de la *Bourse*, de *Paris*, pour arriver
à l'hôt. du *Dauphin-et-d'Espagne*, situé place de la *République*, vis-à-vis le pont *Corneille* (4.9).

Nota. — Pour la visite de la ville de Rouen (*V.* à la *Division du Temps*, page vii).

Pour mémoire. — De Rouen à Beauvais, par Darnetal (5),
Martinville (12), Croisy-la-Haye (8), Richebourg (9), La Feuillée
(1), Gournay (15), Vivier-d'Anger (16) et Beauvais (15). — à
Amiens, par Vert-Galant (15), Riquemont (7), La Boissière (7),
Neufchâtel-en-Bray (15), Aumale (25), Lignères (7), Poix (10),
Moyencourt (4), Quévauvillers (5) et Amiens (18). — à Evreux,
par Port-Saint-Ouen (11), Pont-de-l'Arche (8), Louviers (11),
Acquigny (4), Heudreville (4) et Evreux (15). — à Alençon,
par Brionne (42 — V. page 44), Bernay (15), Broglie (11), Monnay
(16), Gacé (14), Nonant (12), Seez (12), Vingt-Hanaps (11) et
Alençon (10).

DEUXIÈME PARTIE

BASSE-NORMANDIE

DE ROUEN A BRIONNE

PAR PETIT-COURONNE, GRAND-COURONNE, LES MOULI-
NEAUX, LA MAISON-BRULÉE ET BOURGTHEROULDE.

Distance : **41** kil. **500** m. *Pavé* : **10** min.
Côtes : **1** h. **18** min.

Nota. — Le bicycliste pressé qui voudrait parcourir en
une seule étape l'itinéraire de Rouen à Brionne et celui de
Brionne à Lisieux (V. page 47 — en tout 80 kil. 7), devra déjeuner à Bourgtheroulde, au lieu de s'arrêter à la Maison-
Brûlée.

En quittant l'hôt. du *Dauphin-et-d'Espagne*, traverser
à g. le pont *Corneille* (Pavé : 5). De l'autre côté du pont
(pour éviter le pavage des rues *Lafayette*, du *Pré* et de
Tous-Vents, ainsi que le voisinage de la ligne du tramway),
suivre à dr. le quai *Saint-Sever* jusqu'à hauteur du prochain
pont. Ici traversant, à g. et en biais, la place *Saint-*

Sever, prendre à dr. de la gare en bois de la *ligne d'Orléans*, le large boulevard d'*Orléans* dont le prolongement, la rue *Jean Rondeaux*, conduit à la porte de Caen (**2.3**), en contournant le faubourg de Saint-Sever.

A l'extrémité du Petit-Quévilly, continuation du faubourg de Rouen, montée de huit cents m. jusqu'aux dernières maisons. Vers la dr. la vue est limitée par les hautes collines boisées qui bordent la vallée de la Seine.

Au Petit-Couronne (**5.9**), une côte (3'), puis descente légère. Plus loin, à la sortie du Grand-Couronne (**3.8**), laissant à g. le ch. montagneux d'Orival (5.7) et d'Elbeuf (8 370), on continuera à dr. par la r. bordée d'ormes, conduisant au gracieux village des Moulineaux (**3.3**). Suivre la r. passant à g. de l'église et gravir une longue côte de deux kil. (30'), s'élevant à travers la *forêt de la Londe*; à dr. belle vue sur la vallée de la Seine.

Au sommet de la côte (**2**), se détache à g. le ch. du château de Robert-le-Diable (1.7). Ne pas se laisser entraîner sur ce ch. par de lyriques souvenirs pour aller visiter les ruines de l'antique demeure du compagnon du sombre chevalier Bertram ; car après avoir parcouru les dix-sept cent m. indiqués, on arriverait à un carrefour où on lira sur un autre poteau : *lieu dit* du château de Robert-le-Diable... et c'est tout ! Continuer donc par la r. jusqu'au joli carrefour de la Maison-Brûlée (**0.9** — Café-rest. *Chauvet*), situé sur la limite des départements de l'Eure et de la Seine-Inférieure. Ici, laissant à dr. le ch. descendant à la Bouille (2.1) et devant soi la r. de Bourgachard (8.7 — *V.* dans cette direction, à 150 m. de la Maison Brûlée, le *monument du Mobile*, élevé en mémoire des officiers et soldats tués à cet endroit, à un combat livré en 1870 entre l'avant-garde de l'armée française et les troupes allemandes qui occupaient Rouen), tourner à g. dans la direction de Bourgtheroulde.

Toujours en forêt, on descend un étroit vallon ; au bas, traverser le passage à niveau de la station de la Londe, puis nouvelle longue côte (20') pour atteindre bientôt la limite des bois et descendre ensuite, sauf deux légères montées de deux cents m. env. chacune, au gros village de Bourgtheroude (**5.6** — Hôt. de la

Corne-d'Abondance — Pavé : 3'), situé au croisement des r. d'Elbœuf (10.1) à la Meilleraie (22.6) et du Neubourg (20) à Pont-Audemer (29).

Notre r., tracée à présent en ligne droite, monte légèrement pendant un kil., ensuite se déroulant à travers une contrée fertile, mais moins intéressante, descend un peu, monte pendant trois cent m., puis coupe **(5.2)** le ch. de Montfort (12) à Elbœuf (15.6). Montée enlevable de un kil (10') jusqu'au hameau du Nouveau-Monde **(1.2)**, insensible au-delà ; ensuite terrain plat ou légèrement descendant, en passant successivement par les hameaux de la Maison-Rouge **(2.9)**, de la Forge **(2.5)** et du Bosc-Robert **(0.5)**.

Descente très rapide et dangereuse dans le pittoresque vallon du Bec. Au bas, à Saint-Martin-du-Parc **(1.4)**, on croise le chemin du Neubourg (15) à Pont-Authou (4.8), par Bec-Hellouin (2.4 — Ruines remarquables d'une vieille abbaye transformée en dépôt de remonte), puis on franchit le passage à niveau de la *ligne d'Evreux à Honfleur.*

De l'autre côté de la voie, nouvelle côte très dure (15') ; en arrière, on aperçoit la tour de l'abbaye du Bec-Hellouin. Parvenu au sommet de la côte, la descente commence aussitôt vers la vallée de la *Risle* ; à la première bifurcation, continuer à dr. Plus bas, la r. tourne à g. et entre dans la petite ville industrielle de Brionne (Pavé : 2'). Passant à l'extrémité de la place de la Halle (à dr. r. de Pont-Audemer à 26 kil.), on continuera à g. et trente m. plus loin on arrivera sur la place *Defremont des Yssards* où est situé l'hôt. du *Havre* (4).

Nota. — Si on a du temps de reste avant de dîner, monter aux ruines du vieux donjon qui domine la ville de Brionne.

DE BRIONNE A LISIEUX

Par Le Marché-Neuf et L'Hôtellerie

Distance : **39** kil. **200** m. *Pavé* : **2** min.
Côte : **25** min.

Nota. — Etape facile, une seule côte au départ de Brionne. Jusqu'à Lisieux, le seul endroit où on puisse déjeuner modestement est l'Hôtellerie. Quitter Brionne de bonne heure afin d'avoir une partie de la journée pour visiter Lisieux.

A la sortie de l'hôt. du *Havre*, tourner à g. et suivre la rue conduisant presqu'aussitôt à un rond-point entouré de tilleuls. Ici laissant la r. d'Evreux (10.2) devant soi, prendre à dr. le b⁴ de *Bernay*. On traverse trois ponts sur la *Risle* et, après avoir dépassé une filature, on rejoint la r. de Bernay, dont on montera la longue côte (25') à gauche.

Sur le plateau, une seule montée de deux cents m. précède le croisement (**6**) de la r. nationale de Paris à Cherbourg. Ici, abandonnant la direction de Bernay (**9**) et d'Alençon (**91**), on tournera à dr. (à g. Evreux à 39 kil.).

L'excellente r. de Cherbourg, bordée d'une double rangée de beaux arbres, se déroule en droite ligne jusqu'à Lisieux, presque constamment à plat, sauf quelques ondulations insignifiantes de terrain et traverse un pays de plaine aux riches cultures qu'entrecoupent agréablement des bouquets de bois et des vergers.

Successivement on dépasse les hameaux de Boisney (**1.3**), du Marché-Neuf (**4.3**), le croisement (**2.3**) du ch. de Bernay (**7.4**) à Lieurey (**10.1**) et le village plus important de Duranville (**4.1**).

Plus loin, deux montées sans importance de trois cents m. chacune, puis croisement (**3.8**) du ch. de Thiberville (0.7) à Lieurey (10.5). On passe ensuite (**2.4**) dans le département du Calvados, où cesse la belle bordure des arbres qui ombrageaient la route.

Après l'Hôtellerie (**1.5** — Hôt. de l'*Ecu-d'Or*), un raidillon suivi d'une montée peu sensible, mais assez longue, jusqu'à hauteur de la *borne 6*.

La r., ancienne voie romaine, parcourt à présent un plateau très découvert entre deux vallons dont on entrevoit à dr. et à g. les fonds boisés. Trois kil. avant Lisieux, se détache à g. l'ancienne r. bordée d'arbres. Malgré son aspect engageant, il sera préférable de continuer à dr. par la nouvelle r. qui, descendant agréablement pendant deux kil., mène à la ville de Lisieux, située dans la vallée de la *Touques*.

On entre en ville par la rue de *Paris* et, après avoir traversé (**13.2**) le bᵈ d'*Orbec*, on continue par la *Grande rue*, dont la pente est très rapide. Dans la grande rue prendre la deuxième rue à g., la rue *au Char* (Pavé : 2'), conduisant à l'hôt. de *Normandie* (**0.3** — Café de la *Terrasse*).

Visite de la ville de Lisieux. — La cathédrale. — Le jardin public. — Eglise Saint-Jacques. — Vieilles maisons en bois de la rue aux Fèvres.

Pour mémoire. — De **Lisieux à Trouville**, par Pont-Lévêque (17) et Trouville (11). — à Honfleur (33). — A Pont-Audemer par Cormeilles (19) et Pont-Audemer (17). — à Falaise par Saint-Pierre-sur-Dives (25) et Falaise (20). — A Argentan, par Livarot (18), Vimoutiers (10), Trun (19) et Argentan (13). — à Alençon, par Vimoutiers (28), Gacé (19), Nonant (12), Seez (12) et Alençon (21). — A Laigle, par Orbec 20), Montreuil-l'Argillé, Glos-la-Ferrière et Laigle (43).

DE LISIEUX A CAEN

Par La Boissière, Crèvecœur, Le Bras-d'Or, Crois-sanville, Moult, Vimont et Cagny

Distance : **48** kil. **300** m. *Pacé* : **6** min.
Côtes : **49** min.

Quittant l'hôt. de *Normandie*, afin d'éviter le pavage de la ville, tourner à g. dans la rue *au Char* (Pavé : 2'), passer devant l'église *Saint-Jacques* et, par la place et la rue du *Marché-au-Beurre*, vous arriverez au b⁴ *Sainte-Anne* que vous descendrez à dr. Parvenu à hauteur du n° 63, prendre à g. la rue *Gustave-David* et plus loin, encore à g., la rue de *Caen*.

La r. de Caen, entre des haies, s'élève en droite ligne pendant près de cinq kil., mais il n'y a que deux kil. deux cents m. de véritablement durs (30'). Durant cette montée on n'a aucune vue sur la vallée de la *Touques* qu'on laisse derrière soi pour traverser la ligne de séparation de la vallée d'*Auge*. La montée cesse à la *borne 21*, après le hameau de la Bosquetterie.

Aux dernières maisons du village de la Boissière (7.4) avoir soin d'abandonner l'ancienne r., bordée d'ormes, pour suivre à g. la « route nationale n° 13, déviation des côtes de Coupe-Gorge et Saint-Laurent, par Crèvecœur » comme l'indique l'inscription placée sur une haute borne de pierre à gauche.

Charmante descente de deux kil. à travers une jolie contrée boisée. A g. sur un monticule, le petit village

de la Houblonnière, avec ruines d'un château. La pente
continue, mais plus douce jusqu'au bourg de Crèvecœur
(**9.2** — Hôt. du *Cheval-Blanc*), dans la vallée de la *Vie*,
celle-ci faisant partie du pays appelé *vallée d'Auge* (célèbre par le cru de son cidre), où les rivières de la *Vie*,
et de la *Morte-Vie* se réunissent à celle de la *Dives*.

Dans Crèvecœur, abandonnant la r. directe par le
carrefour Saint-Jean (3), tourner à g. On descendra jusqu'à l'église de Saint-Loup-de-Fribois (**0.5**) où, quittant
le ch. de Saint-Pierre-sur-Diors (**11.1**), on prendra à dr.
le ch. de Mézidon (7).

Ce ch., bordé de peupliers, traverse les grasses prairies qu'arrosent la Vie et la Morte-Vie, petites rivières
dont vous franchissez les deux ponts. Ici faire attention :
parvenu à une bifurcation (**2.5**), en forme de V, vis-à-
vis la barrière d'un pré, suivre la branche de dr. (il n'y
a pas de poteau indicateur et à g. on irait à Mézidon),
qui vous conduit, après avoir croisé un ch., à la r. (**2.5**)
de Mézidon à l'auberge du *Bras-d'Or*. Tourner à dr.
sur cette r. dans la direction d'une maison isolée et
bientôt, atteignant (**0.5**) l'auberge du *Bras-d'Or*, vous
rejoindrez la r. de Caen. Ce détour très bon, depuis
Crèvecœur, raccourcit de 1.400 mètres.

La r. de Caen, à g., traverse, cinq cents m. plus loin,
un petit pont en dos d'âne sur la *Dives* ; puis, s'élevant,
monte (6') au hameau du Lion-d'Or (**2.2**), traverse le
passage à niveau de la *ligne de Mézidon à Trouville*, ensuite descend à Croissanville (**1**).

A partir de ce village on continue à monter (8'), en
partie insensiblement, pendant quatre kil., laissant derrière soi la vallée d'Auge pour atteindre le bord du plateau, d'où une pente rapide (belle vue) amène à Moult
(**5.5**), gros village situé dans la plaine de Caen.

De Moult à Caen, la r. cesse d'être intéressante, on
se croirait transporté dans les plaines de la Brie ou de
la Beauce, riches cultures, mais absence complète de
pittoresque.

A la sortie de Moult, une montée de deux cents m.
(2'), puis successivement on traverse les villages de Vimont (**2.5** — Pavé 400 m. avec bas côtés) et de Bellen-
greville qui ne font pour ainsi dire qu'un, et celui de Cagny (**5**).

Une dernière petite côte (3'), précède le pont du ch. de fer et la Demi-Lune (6.7), carrefour à l'entrée de Caen où viennent aboutir la r. de Rouen, par Pont-Lévêque (41.5) et Pont-Audemer (69.7) et la r. de Trouville, par Cabourg (22.1).

On descend dans Caen par la rue d'*Auge* (Pavé : 2'). Parvenu à hauteur du n° 62, quitter la rue d'Auge et suivre à dr. la rue de la *Gare*, passant sous le pont du ch. de fer. Arrivé près de la rivière de l'*Orne* tourner à g. sur le quai des *Abattoirs*, puis traverser la rivière au pont suivant. De l'autre côté du pont on se trouve place *Dauphine*. Ici suivre à g. le quai des *Casernes*, ensuite contourner la caserne à dr. par le cours *Sadi-Carnot;* continuer plus loin devant soi, par la rue *Sadi-Carnot*. A l'extrémité de cette rue, prendre à dr. le b⁴ du *Théâtre*. On traverse la place du Théâtre et, parvenu à hauteur du n° 4 (maison *Benoit*), quittant le b⁴ du Théâtre on suivra à dr. la rue de *Bernières* (Pavé : 2') conduisant à la rue *Saint-Jean*, vis-à-vis l'hôt. d'*Espagne-et-des-Négociants* (**2.8** — Café du *Grand-Balcon*).

Visite de la ville de Caen (Une journée). — Eglises Saint-Pierre, Saint-Sauveur, Saint-Etienne (où se trouve la tombe de Guillaume le Conquérant). — Musée de peinture à l'Hôtel-de-Ville, — Eglise de la Trinité. — Promenade le long du bassin à flot.

Pour mémoire. — De Caen à Pont-Audemer, par Troarn, (14), Dozulé (12), Pont-Lévêque (18), Beuzeville (13) et Pont-Audemer (14).— à Alençon, par Langannerie (20), Falaise (15), Argentan (22), Mortrée (13) et Alençon (25).— à Domfront par Harcourt-Thury (26), Condé-sur-Noireau (20), Flers (12) et Domfront (21).— à Mortain, par Mondrainville (13), Villers-Bocage (12), Mesnil-Auzouf (15), Vire (19), Sourdeval (13) et Mortain (11). — à Avranches, par Vire (59-*V.* plus haut), Champ-du-Boult (13), Montjoie (4), Saint-Pois (4), Saint-Laurent-de-Cuves (5), Brecey (4), Tirepied (8), Ponts (7) et Avranches (2). — à Granville, par Villers-Bocage (25), Saint-Martin-des-Besaces (17), Pont-Farcy (18), Villedieu (19) et Granville (29).

Nota. — Le bicycliste qui voudra abréger son voyage, sans aller jusqu'à Bayeux, Saint-Lô et Cherbourg, pourra, à partir de Caen, rejoindre notre itinéraire de retour à la station de Bénouville (V. page 82) pour visiter seulement les belles plages du Calvados situées entre l'embouchure de l'Orne et Honfleur.

Dans ce cas, au sortir de l'hôt. d'*Espagne-et-des-Négociants*, tourner à dr. dans la rue *Saint-Jean*, puis encore à dr. dans la rue *Neuve-Saint-Jean*. Traverser vis-à-vis le pont, ensuite tournant à dr. sur le quai de *La Londe*, en longeant le bassin à flot, on atteindra la station des tramways à vapeur de *Caen à la mer*. Ici le bicycliste suivra le ch. de halage de la rive g. du *Canal maritime*, en bordure de la ligne des tramways, jusqu'à la station de Bénouville (10) puis continuera l'itinéraire de Bénouville à Cabourg (14.3) comme il est indiqué à la page 82.

DE CAEN A BAYEUX

Par La Maladrerie, Rots, Bretteville-l'Orgueilleuse, Sainte-Croix et Saint-Martin-des-Entrées

Distance : **27** kil. **700** m. *Pavé* : **21** min.
Côtes : **22** min.

Nota. — Courte étape, afin de pouvoir disposer d'un partie de la journée pour visiter Bayeux. On pourra cependant partir de Caen après le déjeuner.

Au départ de l'hôt. *d'Espagne-et-des-Négociants*, suivre vis-à-vis la rue de *Bernières* (Pavé 2') puis continuer par le b⁴ du *Théâtre*, en laissant le théâtre à g. Un peu plus loin, traverser la place de la *Préfecture* et passer entre l'hôtel de la Préfecture, à dr., et le square à g. De l'autre côté de la place, obliquant à dr., continuer par le b⁴ *Bertrand*.

Parvenu vis-à-vis la grille du Lycée, dirigez vous à dr. pour gagner la place *Fontette*. Ici suivre à g. la rue *Guillaume-le-Conquérant* (Pavé : 8'), traverser la place de *l'Ancienne-Boucherie* et continuer par la rue de *Bayeux*.

La r. de Bayeux, plate, bordée d'arbres, traverse le passage à niveau de la *ligne de Caen à Courseulles;* à g. une belle croix en pierre est érigée sur un piédestal à plusieurs marches. Quinze cents m. environ séparent Caen de la Maladrerie, gros village (Pavé : 3') où la r. monte (5') passant devant la *prison de Beaulieu*.

A la sortie de la Maladrerie, bifurcation. Laisser à g. la direction de Tilly-sur-Seulles (16.2) et de Torigni (46), pour monter à dr. (5') par la r. de Bayeux.

Traversant des plaines sans intérêt, successivement on dépasse les villages de Rots (**8.8** — Beau château) et de Bretteville-l'Orgueilleuse (**3** — Hôt. du *Grand-Monarque*) que sépare une montée de trois cents mètres.

Au delà de Bretteville la r. s'élève insensiblement pendant un kil., franchit un creux de terrain par une petite descente rapide suivie d'une côte (3') précédant le hameau de Sainte-Croix (4.5), puis atteint Saint-Léger (2.8).

Deux kil. et demi plus loin, descente rapide du Vieux-Pont pour traverser la vallée de la *Seulles* dont on s'éloigne par une côte assez dure (7'). On descend ensuite très légèrement pendant quinze cents m. pour arriver à Saint-Martin-des-Entrées (6.1); un raidillon et une petite côte (2').

Descente rapide dans la petite ville de Bayeux, située sur l'*Aure*. A l'octroi, suivre à dr. la rue *Saint-Jean* (Pavé : 8'). Au bas, traverser l'*Aure* et continuer vis-à-vis par la rue montante de *Saint-Martin*. Plus haut, la deuxième rue à dr., la rue *Ginas-Duhomme*, mène à l'hôt. du *Luxembourg* (2.5 — *Grand Café*).

Visite de la ville de Bayeux. — La cathédrale (monter à la tour centrale; rétribution). — Voir la célèbre broderie de la reine Mathilde, au musée de la Bibliothèque. — Vieilles maisons en bois du xv' et xvi' siècle.

Pour mémoire. — De **Bayeux à Ver-sur-Mer** (16 — *V.* page 78) — à **Arromanches** (10 — *V.* page 76), — à **Port-en-Bessin** (10 — *V.* page 75). — à **Falaise**, par Juvigny (18), Villers-Bocage (7), Aulnay-sur-Odon (8), Harcourt-Thury (14) et Falaise (26).

Nota. — Le bicycliste qui voudra abréger son voyage, sans aller jusqu'à Saint-Lô et Cherbourg, pourra, à partir de Bayeux, rejoindre notre itinéraire de retour à Arromanches (10 — *V.* page 77).

DE BAYEUX A SAINT-LO

Par Subles, Noron, La Tuilerie, Castillon, Balleroy et Bérigny.

Distance : **38** kil. **500** m. *Pavé :* **23** min.
Côtes : **1** h. **14** min.

Nota. — Cette étape, qui écarte le bicycliste de la r. nationale de Paris à Cherbourg, lui permettra de visiter le chef-lieu du département de la Manche, ainsi que la région centrale de cette partie de la Normandie. Elle lui fournira encore l'occasion de voir le château de Balleroy, un des plus beaux domaines de la Normandie.

En sortant de l'hôt. du *Luxembourg*, tourner à dr. dans la rue *Ginas-Duhomme* (Pavé : 15'), puis descendre à g. la rue *Saint-Martin* jusqu'à la première rue à dr. qu'on prendra, la rue des *Cuisiniers*. Celle-ci passe devant le portail de la cathédrale et, continuant sous le nom de rue *Saint-Loup*, mène à l'extrémité de la ville.

Petite montée, traversée du pont au-dessus de la *ligne de Paris à Cherbourg*, en laissant à g. le ch. de Saint-Paul-de-Vernay (11.5).

Notre r. parcourt une contrée entrecoupée de prairies et d'herbages que séparent de belles haies et des alignements d'arbres d'essences diverses. Le premier village qu'on rencontre est Subles (**5.2**), d'où une descente rapide et dangereuse conduit dans la vallée de la *Drôme*. Sur le versant opposé, une rampe douce de six cents m. permet d'atteindre Noron (**2.8**) et plus loin La Tuilerie (**1.6**), village où on fabrique de la grosse poterie.

Ici faire attention; à hauteur de la *borne 12.5*, abandonner la r. directe de Saint-Lô et s'engager à g. sur le ch. de Balleroy faisant un détour allongeant seulement de 2 kil. 500 m.

Descente pittoresque dans le vallon de la Drome, à travers les *bois de la Chambrette*. A g., ancien château, ensuite côte (5') pour atteindre Castillon (**2.1**), village à partir duquel le ch., continuant à s'élever (15'), mène au joli carrefour du Sapin (**3.2**), où se détache à g. la r. de Caen (35.5), par Tilly-sur-Seulles (15.5).

Neuf cents m. plus loin, descente rapide dans le gros bourg de Balleroy.

Au bas de la première partie de la descente on se trouve sur la place du *Marché* (**0.9**), vis-à-vis l'entrée de l'allée conduisant au *château de Balleroy*.

Ici, laisser en garde sa machine à l'hôt. de la *Place*, et visiter le château (45' — rétribution 50 c.), œuvre de l'architecte Mansart. Les appartements, très beaux, renferment des tapisseries remarquables des Gobelins et des peintures dues à Mignard.

A la sortie du château de Balleroy, la r. tournant à angle droit, à g., descend la seconde partie du bourg par la rue des *Forges* et franchit la rivière de la *Drome*; puis par une côte de deux kil. (25'), s'élève dans la magnifique *forêt des Biards* ou de *Cerisy* pour atteindre le beau *carrefour de Monfiquet* (**2.5**), où on rejoint la r. directe de Bayeux à Saint-Lô qu'on reprendra à gauche.

Le bicycliste traverse la forêt des Biards pendant encore six kil., une seule montée de trois cents m. précédant la sortie du bois. De ce point, commence une très agréable descente de deux kil. à travers une contrée gracieuse, pittoresque et boisée; on entre dans le département de la Manche. Au bas de la descente, pour remonter le versant opposé de la vallée de l'*Elle*, se présente aussitôt la côte de Bérigny, longue également de deux kil. (25'), jusqu'au bureau de poste de La Croix-Rouge (**10**), hameau dépendant de Bérigny.

Remarquer qu'aux coquettes chaumières normandes ont succédé de vulgaires habitations construites en pierre ou en brique d'un ton noir et enfumé, tandis qu'à l'intérieur des vases et des bassines, pour le commerce du laitage, jettent la clarté de leur cuivre étincelant.

Trois kil. environ après La Croix-Rouge, on dépasse à

g. (3.4) le ch. de Saint-Pierre-de-Sémilly (1), village avec vieux château curieux.

Plus loin, montée de deux cents m. suivie d'une côte (4'); ensuite, descente presque continuelle jusqu'à Saint-Lô.

A l'entrée de cette ville, aboutit à g. le ch. de Caumont (21). Passant devant l'entrée, à dr., du Haras de Saint-Lô et, laissant du même côté, le ch. de Lison (15) et d'Isigny (27), vous descendez dans Saint-Lô, l'un des plus petits chefs-lieux de département de la France, par la rue du *Neufbourg* (Pavé : 8').

Parvenu au bas de cette rue, à hauteur du n° 1, descendre à g. la rue macadamisée *Octave-Feuillet*, puis cinquante m. plus loin, à l'angle du bâtiment en brique du Gymnase, tourner à dr. dans la rue *Havin*. Vous arriverez ainsi au centre de la ville, par la rue *Torteron*, à l'hôt. du *Cheval-Blanc* (6.8 — Café du *Grand-Balcon*)

Visite de la ville de Saint-Lô. — Eglise Notre-Dame — Vue de la terrasse de la place des Beaux-Regards — Anciennes maisons — Rocher de la rue de la Poterne.

Excursions recommandées au départ de Saint-Lô. — Aux ruines de l'abbaye d'Hambye, par le Mesnil-Herman (12), Villebaudon (7) et l'abbaye d'Hambye (11). Retour par Notre-Dame-de-Génilly (11), Pont-Brocard (3), Dangy (3.5), Quibou (4), Canisy (2) et Saint-Lô (8).

Pour mémoire. — De Saint-Lô à Domfront, par Torigni (13), Vire (25), Tinchebrai (16), Saint-Cornier-des-Landes (7), Lonlay-l'Abbaye (8) et Domfront (8). — à Avranches, par Le Mesnil-Herman (12), Villebaudon (7), Villedieu-les-Poêles (15) et Avranches (22). — à Granville, par Marigny (12), Coutances (16), Bréhal (19) et Granville (10). — à Carteret (port avec ligne de bateaux à vapeur pour Gorey, dans l'île de Jersey), par Périers (27), Lessay (10), La Haye-du-Puits (8), Porbail (17), Barneville (10) et Carteret (4).

DE SAINT-LO A CARENTAN

Par Pont-Hébert, Saint-Jean-de-Daye et La Fourchette.

Distance : **27** kil. **600** m. *Pavé :* **11** min.
Côtes : **1** h.

Nota. — L'étape de Saint-Lô à Carentan est courte, réunie à la suivante de Carentan à Cherbourg, elle pourrait sembler trop longue à des bicyclistes peu entraînés; le parcours de Carentan à Cherbourg étant très accidenté.

Si on préfère abréger son voyage et ne pas aller jusqu'à Cherbourg, on pourra au hameau de la Fourchette rejoindre notre itinéraire de retour (*V.* page 73), en se dirigeant sur Isigny, où on fera étape, pour continuer ensuite par Grand-camp et Arromanches, au début de la série des belles plages de sable comprises entre Arromanches et Honfleur.

Au sortir de l'hôt. du *Cheval-Blanc*, descendre à dr. la rue *Torteron* (Pavé : 2'), puis tourner presque aussitôt à dr. par la rue de la *Poterne*, resserrée entre l'hôpital et la haute paroi du rocher sur laquelle la ville de Saint-Lô est en partie construite. La rue de la Poterne contourne la ville et, après une montée (3'), mène à l'entrée (0.7) de la r. de Carentan, à gauche.

Côte très dure de deux kil. (30'), en quittant la vallée de la *Vire*. Vue pittoresque en arrière sur Saint-Lô dont les maisons se présentent ici curieusement étagées.

La r., semblable comme aspect à celle de l'étape précédente, parcourt une contrée entrecoupée de prairies et de parcages. Descente douce de deux kil., montée de trois cents m., puis descente rapide de deux kil. au village de Pont-Hébert (**5.6**), où on traverse la vallée de la Vire.

De l'autre côté de la rivière, forte côte (13'), suivie d'une descente et d'un raidillon. La r., présentant ensuite une succession de montées enlevables ou de légères descentes, ondule. A g., *château de la Mare de Cavigny*.

Après une petite côte (3'), précédant le hameau de l'abbaye de la Perine (**5.2**), la r. s'aplanit et passe à Saint-Jean-de-Daye (**2.5**). Au sortir du village, descente de un kil.; à dr. belle vue sur la vallée de la Vire, à présent très large. Plus loin, on traverse (**2.1**) le pont du *canal de Vire*, puis montant (3') on atteint le hameau de Briseval (**2.5**).

Franchissant le pont (**3.1**) de la *ligne de Cherbourg*, on gravira une dernière côte (8') pour arriver au hameau de La Fourchette (**2.2**), où on rejoint la r. directe de Bayeux à Cherbourg.

Ici, laissant à dr. la direction d'Isigny (*V.* page 73) on descendra à g. en pente très douce vers Carentan. A l'entrée de cette ville on traverse de nouveau le canal de Vire.

Dans Carentan, suivre les rues pavées (9') de l'*Ilè*, *Torteron*, du *Château* et, de l'autre côté de la place de la *République*, la rue *Holgatte* où est situé l'hôt. d'*Angleterre* (**3.7** — Café du *Commerce*).

Pour mémoire. — De Carentan à Carteret (port avec ligne de bateaux à vapeur pour Gorey, dans l'île de Jersey), par Auvers (6), Baupte (4), Saint-Jores (5), La Haye-du-Puits (10), Portbail (17), Barneville (10) et Carteret (4). — à Coutances, par Periers (18), Saint-Sauveur-Landelin (6) et Coutances (10).

DE CARENTAN A CHERBOURG

Par Saint-Côme, Sainte-Mère-l'Eglise, Montebourg,
Valognes et Le Mont-a-la-Quèsne.

Distance : **49** kil. **800** m. *Pavé* : **9** min.
Côtes : **1** h. **39** min.

Nota. — Route agréable jusqu'à Valognes. Très dure entre
Valognes et Cherbourg. Cette dernière partie du parcours
présente une succession ininterrompue de côtes.

Quittant l'hôt. d'*Angleterre*, continuer à g. la rue
Holgatte (Pavé : 3') et, parvenu vis-à-vis le passage à
niveau de la *ligne de Cherbourg*, abandonnant la direction de Coutances (31), suivre à dr. la rue *Saint-Côme*,
direction de Sainte-Mère-l'Église.

Notre r. traverse une grande plaine uniforme, large
de 2 kil., arrosée par la rivière de la *Douce*, dont on
franchit successivement les diverses branches sur quatre
ponts.

A mi-côte de la première montée (7'), on laisse à dr.
la bifurcation (**3.1**) du ch. de Sainte-Marie-du-Mont,
puis on atteint Saint-Côme (**1.2**). La contrée présente
de nouveau un damier de prairies encadrées de haies
et d'arbres. Le terrain ondulant alterne en descentes et
en montées peu rapides; à g. joli *château du Vicier*.

Une côte (7') précède Blosville (**4**) et une autre montée
(5') amène au hameau de Fauville (**3.3**), situé à un kil.
du gros village de Sainte-Mère-l'Église (**1** — Hôt. de
l'Étoile).

A la sortie de cette localité, petite côte (3') au sommet
de laquelle on voit la r., tracée en ligne droite, éten-
dant son long ruban sur une distance de près de dix kil.
Après Neuville-au-Plein (**2.6**), à la *borne 26*, montée de

huit cents m., suivie d'une descente agréable. D'ici vous apercevez le clocher de Montebourg exactement dans l'axe de la route.

Une côte (5') conduit à la place du marché de Montebourg (**7.3** — à dr. hôt. du *Nord*), grande bourgade. En quittant Montebourg la r. traverse le passage à niveau de la *ligne de Carentan à Barfleur*, puis s'élève doucement pendant un kil. ; elle descend ensuite, sauf une côte de trois cents m. (3') et deux courtes montées de deux cents m. chacune, jusqu'à Valognes (**7.3** — Hôt. du *Louvre*).

On entre dans cette petite sous-préfecture par la rue des *Religieuses* (Pavé : 3'). Après la place *Vicq-d'Azir*, laissant à g. l'église, gravir la rue du *Château* (Côte : 2'), qui mène à la place du *Château*, plantée de deux belles rangées d'arbres.

Pour mémoire. — De Valognes à **Saint-Vaast-la-Hougue** 21.2 — V. page 71) — à **Carteret**, par Bricquebec (13), Barneville (16) et Carteret (4). — à **Coutances**, par Saint-Sauveur-sur-Douve (15), La Haye-du-Puits (10), Lessay (8) et Coutances (20).

De l'autre côté de la place du château, la r., très fatigante depuis Valognes, ne présente qu'une série de côtes et de descentes rapides jusqu'à Cherbourg. Après le passage à niveau du ch. de fer, première côte longue de un kil. (10'), puis descente en droite ligne au hameau du Pont-de-la-Vieille (**3.3**) où on traverse le ruisseau de la *Gloire*.

Deux côtes très dures (4' et 5') conduisent ensuite à l'église de Saint-Joseph (**1.5**) ; vue en arrière sur la r. parcourue. A partir de Saint-Joseph, descente rapide dans une large vallée boisée, puis deux côtes, la première de six cents m. (7'), la seconde de 1 kil. (12') pour gravir le Mont-à-la-Quesne ; jolie vue sur la région qui change d'aspect et devient montagneuse.

Les hameaux du Mont-à-la-Quesne (**3.3**) et de Delasse (**2**) sont séparés par un profond pli de terrain occasionnant une descente et une côte (15') longues chacune de 1 kil.

Après Delasse, la r. présente encore trois côtes (5'3' et 6'), ensuite deux montées plus douces de trois cents m. chacune, pour atteindre une briqueterie située à 4 kil. 6 de Cherbourg.

A partir de la briqueterie commence une longue descente très rapide et dangereuse de deux kil. et demi. Passant au-dessous du *fort du Roule*, on domine la haute paroi de rocher de la montagne d'Octeville qui s'élève de l'autre côté de la *Divette*; site très pittoresque.

Au bas de la côte, on entre dans Cherbourg par la **rue de Paris**, sorte d'avenue et de faubourg. Parvenu vis-à-vis la maison portant le n° 39, quitter la rue de Paris et, traversant un pont à g., suivre l'avenue *François-Millet* jusqu'à hauteur de la deuxième rue à dr. Ici ne pas franchir la ligne des rails, mais prendre à dr. le quai de l'*Entrepôt*. Celui-ci conduit au pont tournant séparant le bassin du Commerce de l'avant-port; traverser le pont à g. De l'autre côté du pont la rue du *Bassin* (Pavé : 3'), vis-à-vis, et à g. du café du *Grand Balcon*, vous conduira à l'hôt. de *France*, situé tout près à dr. (9.9).

Visite de la ville de Cherbourg. (Une journée). — Le matin, monter au Fort du Roule. — Après le déjeuner, visiter l'Arsenal (les permissions pour la visite de l'Arsenal sont seulement délivrées de 1 h. à 2 h.). — Eglise de la Trinité. — Promenade sur la jetée nord. — Casino et plage de Cherbourg (sable).

Excursions recommandées au départ de Cherbourg. — La plus belle excursion que puisse faire un bicycliste aux environs de Cherbourg, s'il peut disposer de trois journées supplémentaires, est sans contredit celle du cap de la Hague, avec visite des falaises de Jobourg et de Flamanville.

On trouvera la description de cette excursion dans les trois itinéraires qui suivent : 1° De Cherbourg au cap de la Hague; 2° de Jobourg à Dielette; 3° de Dielette à Cherbourg.

DE CHERBOURG AU CAP DE LA HAGUE

Par Urville-Hague, Landemer, Gréville, Omonville-la-Rogue, Beaumont, Jobourg, Auderville, Goury et Jobourg.

Distance : **44** kil. **500** m. *Côtes :* **1** h. **21** min.

A la sortie de l'hôt. de *France,* tourner à g. sur le quai de *Caligny* et se diriger vers la place *Napoléon* où s'élève la statue équestre de Napoléon Ier. Laissant à dr. l'entrée de l'arsenal et à g. l'hôpital de la marine, on suivra la r. de Beaumont en passant par Equeurdreville (**2**), sorte de faubourg de Cherbourg. Après les hameaux de Bigard et de Bourgeois (**1.2**), très belle vue sur l'ensemble de la digue et l'anse Sainte-Anne que vous longez.

Au village de Sainte-Anne (**2**), quitter la r. de Beaumont (13) et prendra à dr. le ch. de Querqueville (**1.7** — Côte: 5'), village au pied duquel s'élèvent le fort et le phare du même nom. La r. descend pour traverser le ruisseau des *Castolets ;* vue à dr. sur la baie de Nacqueville et, à g., sur le château et le village du même nom. Dépassant la Maison-Blanche, on atteint Urville-Hague (**2.8** — Restaurant *Rozier*), charmante petite station balnéaire (sable et galet), à l'entrée du joli vallon de la *Biale*.

Au-delà d'Urville la r. se rapproche de la mer et vous arrivez au hameau de Landemer (**2**), à l'embouchure du *Habilland ;* magnifique plage de sable.

Franchissant la rivière, on gravira une forte côte (15') au sommet de laquelle on jouira d'une vue splendide sur les falaises de Gréville et la pointe du rocher du Castel-Vendon. La r. s'éloigne à présent de la mer, descend aux Gouets, puis, montant (5'), passe à Gréville (**3**). Descente pour traverser le val de de la *Sabine*. Sept cents m. plus loin (côte : 7'), on laisse à g. (**2.7**) le ch. de Beaumont (1.7).

Le bicycliste qui, pour éviter les côtes du *Mont-Pali*, dans la direction d'Omonville-la-Rogue, et raccourcir de 7 kil. 600 m., préférerait limiter ici son excursion, devra tourner à g. sur le ch: de Beaumont et continuer l'itinéraire comme il est indiqué au deuxième alinéa ci-dessous.

La r. gravit (20') le *Mont-Pali*, ensuite descend à Omonville-la-Rogue (**3.3**), dont le petit port est situé au Hable (**0.5**). Après avoir jeté un coup d'œil sur le Hable, repasser à Omonville-la-Rogue (**0.5**) et, franchissant de nouveau le Mont-Pali (Côte : 20'), revenir à l'embranchement du ch. de Beaumont (**3.3**), où on tournera à dr. dans cette direction.

Un kil. plus loin (Côte : 4') on rejoint le ch. de Digulleville (3), et, après un autre kil., on atteint le village de Beaumont (**2** — Aub. *Lemashinel-Mesnil*) où on tournera à dr. pour suivre la r. de Jobourg et du cap de la Hague.

A la sortie de Beaumont, traversée d'un bois; sur sa lisière on remarque à g. un joli château. Quelques m. plus loin, s'élève à dr. un rempart de terre haut de 4 à 5 m. au-dessus du sol et long de 4 kil. Ce retranchement, connu sous le nom de *Hague-Dicke*, date, dit-on, de l'époque des premières invasions normandes.

La r. traverse la lande de Jobourg et atteint le coquet village de Jobourg (**5.5** — Hôt. *Lecoucey*).

Quatre kil. après Jobourg (une côte : 5'), on arrive à Auderville (**4**), dont la commune forme l'extrémité de la presqu'île de la Manche. Cinq cents m. plus loin, suivre à g. le ch. du petit port de Goury (**1.5**), d'où on aperçoit le *phare de la Hague*, construit sur le rocher du *Gros-du-Raz* à un kil. de la côte.

De Goury revenir par le même ch. à Jobourg (**5.5**).

Les *falaises de Jobourg*, situées à 3 kil. du village, forment le cap appelé *Nez-de-Jobourg*. Elles sont remarquables par l'immense panorama dont on jouit de leur sommet et le gigantesque enchevêtrement de précipices et de cavernes qu'elles contiennent.

Les falaises de Jobourg qu'on visitera le lendemain matin de l'arrivée à Jobourg, ne peuvent être prudemment explorées (3 heures) qu'avec un guide du pays.

DE JOBOURG A DIELETTE

PAR BEAUMONT, VASTEVILLE ET HELLEVILLE.

Distance : **27** kil. **200** m.

Nota. — Etape courte afin de permettre de visiter à pied, dans la matinée, les falaises de Jobourg et, dans la journée à l'arrivée à Dielette, les falaises de Flamanville.

De Jobourg, par le ch. déjà connu de la lande, revenir à Beaumont (**5.5**); continuer ensuite la r. de Cherbourg (**18.2**) pendant trois kil. et prendre à dr. (**3**) le ch. de Vasteville. Ce ch. se dirige en droite ligne vers le val du ruisseau de *Claire-Fontaine* qu'on traverse près du Moulin Frappier (**5**).

Au village de Vasteville (**2.5**), couper le ch. d'Acqueville (**3**) à Heauville (**2.5**) et se diriger vers Helleville (**4.7**). Ici, abandonner la r. des Pieux (**6**) et, tournant à dr., passer par la Petite-Siouville (**3**) pour gagner Dielette (**3.5** — Aub. *Hochet*), petit port de refuge situé à l'embouchure de la *Dielette*.

A Dielette on ira visiter les *falaises de Flamanville* et la caverne, dite le *Trou Baligan*, située à deux kil. de Dielette. Pour cette excursion demander un guide du pays.

3

DE DIELETTE A CHERBOURG

PAR FLAMANVILLE, LES PIEUX, BENOISTVILLE, VIRANDE-
VILLE ET MARTINVAST.

Distance : **30** kil. **200** m.

En quittant Dielette, petite montée (3'), puis la r. atteint le village de Flamanville (**2.5**) dont on visitera le magnifique château. Au delà de Flamanville, laissant à dr. le hameau de la Vigie avec son sémaphore, la r. décrit une grande courbe et monte aux Pieux (**6** — Hôt. des *Voyageurs)* ; vue étendue.

Des Pieux à Avranches et à Cabourg, *V.* à la suite de l'iti-néraire, page 67.

Des Pieux on descend vers la vallée de la *Dielette,* qu'on traverse à l'entrée de Benoistville (**2.8**). Plus loin, vous passez au bas du château de Sotteville (**3**), à dr., et traversez la rivière de la *Divette* (Côte : 5'). A Virandeville (**3.2**), remarquer à g. les ruines d'un vieux château avec donjon. Un kil. plus loin, on franchit un premier affluent de la Divette, séparé de dix-huit cents m. d'un second ruisseau ; puis, longeant la vallée de la Divette, on arrive à hauteur de Martinvast (**5**), où on pourra visiter (le dimanche de midi à 6 h.) le beau château de M. Schickler. Quinze cents m. après Martinvast, on rejoint (**1.5**) la r. de Bricquebec (18). Au village du Pont (**0.5**), laissant à g. l'ancienne r. de Cherbourg, par Octeville, suivre à dr. une nouvelle r. passant entre la ligne du ch. de fer à dr. et la rivière de la *Divette* à g. A l'octroi de Cherbourg (**4**) vous rejoignez la r. de Valognes et la rue de *Paris.* Celle-ci, à g., ramène à Cherbourg. De la rue de *Paris* à l'hôt. de *France* (**1.7**), *V.* page 62.

Pour mémoire. — Si à notre itinéraire détaillé de Cherbourg à Cabourg, sur la côte nord du département de la Manche, on préfère visiter la côte ouest, comprise entre les Pieux et Avranches (plages de sable), ainsi que la partie centrale de la Normandie qui s'étend entre Avranches et Cabourg, on devra suivre le parcours ci-dessous, divisé en huit étapes.

Des Pieux à Portbail, 28 kil. — 36 kil. 5 de Dielette — par Pierreville (6), Les Moitiers-d'Alonne (9), Carteret (4 — Hôt. d'*Angleterre.* — Plage admirable. — Petit port. — Bateaux à vapeur pour Gorey dans l'île Jersey), Barneville (3) et Portbail (6 — Hôt. *Leteurtre* — Petit port — Bateaux à vapeur pour Jersey).

De Portbail à Coutances, 47 kil., par Saint-Lô-d'Ourville 2), Bolleville (13), La Haye-du-Puits (2 — Hôt. de *France*), Lessay (8 — Hôt. *Lepetit*), Montsurvent (13) et Coutances (9 — Hôt. de *France.* — A visiter : La cathédrale, les églises Saint-Nicolas et Saint-Pierre, le jardin public).

De Coutances à Granville, 53 kil., par Nicorps (4), Roncey (8), Hambye (7), Abbaye-d'Hambye (2 — Ruines très intéressantes), Hambye (2), Lengronne (9), Bréhal (11 — Hôt. du *Nord*) et Granville (10 — Hôt. *Lallement.* — A visiter : l'église Notre-Dame, le port de mer, les bains, le casino).

De Granville à Avranches, 31 kil. 5, par Saint-Pair (3 — Hôt. de *France* — Plage très fréquentée), Jullouville (4.5 — Hôt. *Chevalier* — Magnifique plage), Carolles (3 — Hôt. de la *Plage* — Plage située à quinze cents m. du village; vue splendide), Champeaux (2.5), Saint-Jean-le-Thomas (1.5), Dragey (3), Genest (3.5), Vains (5), Pont-Gilbert (4) et Avranches (1.5 — Hôt. de *Londres.* — A visiter : La plate-forme de la basilique, l'église Saint-Saturnin, le jardin botanique. — C'est d'Avranches que l'on peut se rendre le plus directement par terre au Mont-Saint-Michel, la célèbre et merveilleuse abbaye fortifiée, construite sur l'îlot granitique qui s'élève dans la baie formée par la réunion des côtes de la Normandie et de la Bretagne. D'Avranches au Mont-Saint-Michel, 32 kil., par Pontaubault 8, Pontorson 14, et le Mont-Saint Michel 10; hôt. *Poulard aîné*).

D'Avranches à Vire, 47 kil., par Ponts (2), Tirepied (7), Brécey (8 — Hôt. de la *Manche*), Saint-Laurent-de-Cuves (4),

Saint-Pois (5), Montjoie (4), Champ-de-Boult (4) et Vire (13 — Hôt. du *Cheval-Blanc*. — A visiter : l'église Notre-Dame, l'ancienne forteresse, et au-dessous de la ville, le gracieux vallon des Vaux-de-Vire).

De **Vire à Falaise**, 56 kil., par Vassy (16 — Hôt. *Charlemagne*), Condé-sur-Noireau (9 — Hôt. du *Lion-d'Or*), Pont-d'Ouilly (13 — Hôt. de la *Grâce-de-Dieu*) et Falaise (18 — Hôt. du *Grand-Cerf*. — A visiter : les églises de la Trinité et de Saint-Gervais, le magnifique château ou naquit Guillaume le Conquérant).

De **Falaise à Caen**, 32 kil., par Aubigny (3 — Beau château — Eglise avec statues tumulaires), Potigny (6 — ne pas manquer d'aller visiter à quinze cents m., à l'est de Potigny la fameuse Brèche du Diable, dans les gorges de Saint-Quentin, et le tombeau de Marie Jolly au sommet du rocher de Saint-Quentin), Langannerie (6) et Caen (17).

De **Caen à Cabourg**, 24 kil., par la station de Benouville (10 V. page 82) et Cabourg (14 — V. page 83).

DE CHERBOURG A SAINT-VAAST-LA-HOUGUE

Par Tourlaville, Théville, Saint-Pierre-Eglise, Tocqueville, Roville, Gatteville, Barfleur et Réville.

Distance : **46** kil. **800** m. *Pacé* : **12** min. *Côtes* : **55** min.

A la sortie de l'hôt. de *France*, tournant à g., se diriger vers le quai et traverser le pont mobile qui sépare le bassin de l'avant-port. De l'autre côté du pont, pour éviter le long pavage de la rue du *Val-de-Saire*, suivre à g. le quai de l'*Ancien Arsenal* et prendre la première rue à dr., la rue *Cachin* (Pavé 4'), qu'on suivra jusqu'à son extrémité. Tourner alors à g. par la rue *Vauban*, puis dans la deuxième rue à dr. la rue *Don-Pedro*. Celle-ci mène à une autre rue transversale qu'on prendra à g. pour tourner enfin de suite à dr. sur un ch. bordé de petits murs et de la ligne télégraphique.

Vous vous trouvez à présent hors de Cherbourg — à g., vue sur la rade et le *fort des Flammands* — et traversez bientôt une voie ferrée, ligne stratégique de ch. de fer, reliant le fort à la gare de Cherbourg. Cinquante m. plus loin, parvenu à hauteur du débit de tabac du village de la Moignerie (**2.7**), abandonner la direction de Bourbourg et tourner à angle droit à dr. sur la r. qui va rejoindre celle de Barfleur, près d'une fonderie (**0.5**). Ici, tournant à g., on atteindra Tourlaville (**1.3**).

A l'entrée de ce village, quitter la r. de Barfleur et suivre à dr. le ch. de Montebourg (26). Il vous conduira près d'une ferme que vous contournerez pour prendre à dr. une jolie avenue menant au château de Tourlaville (**1.250**), appartenant à M. de Toqueville et situé dans un vallon des plus pittoresques.

Ayant visité le château (20' — rétribution 50 c.), revenir à Tourlaville (**1.250**) et gravir à dr. la r. de

Barfleur. Longue côte de deux kil. (30'); vue en arrière
sur Cherbourg et la rade. Après deux descentes, dépassant le hameau de Douet-Picot (**5.5**) la r., tracée en
ligne droite, s'élève de nouveau par deux côtes (5' et
10'); à dr., la vue s'étend sur une région vallonée de
landes.

Deux autres montées, de deux cents m. chacune, précèdent le Hamel-des-Ronches (**2.7**) où se détache à dr.
un ch. dans la direction de Valognes (18). Quatre cents
m. plus loin, on laisse à g. le ch. du Cap Levi (6.5).

La r. s'adoucit, légère descente et jolie échappée de
vue à g. sur la mer ; puis viennent Théville (**2.6**), avec
un ch. de raccourci à dr. vers Saint-Vaast-la-Hougue
(15.5), et enfin le grand village de Saint-Pierre-Eglise.
(**2.4** — Hôt. du *Commerce*), dans lequel conduit une
descente rapide.

Au milieu du village, laissant devant soi le ch. de
Cosqueville (3), tourner à dr. par la rue pavée (3'). La
r. passe devant le couvent de Saint-Pierre, — un raidillon — puis découvre deux fois la mer à g. Montée
de trois cents m. suivie d'une nouvelle descente rapide
dans Tocqueville (**4.9**).

A la sortie de ce village, une côte (3'), ensuite descente douce jusqu'à Barfleur, situé à cinq kil. de Tocq-
queville. Toutefois nous engageons le bicycliste à aller
voir auparavant le *phare de Gatteville*. Ce détour avec
la visite du phare demande deux heures environ.

Neuf cents m. après Tocqueville, quitter (**0.9**) la r.
de Barfleur (4.1) et s'engager à g. dans le petit ch., entre deux haies, indiqué par une plaque en bois portant
l'inscription de : *route directe de Gatteville*. Cette dési-
gnation de *route* est quelque peu prétentieuse, car le
ch. de Gatteville est mal entretenu, et seulement prati-
cable par temps sec dans la bonne saison. Il passe au
hameau de Roville (**1.8** — mauvaise descente à pied : 3')
et atteint, après un raidillon (1'), le village de Gatteville
(**1.9**).

Ici, nous conseillerons de laisser sa machine en garde
au débit *Leblond*, situé sur la place de l'église, et de se
rendre à pied au phare de Gatteville (**2** — 30'), ce parcours de deux kil. étant trop défectueux pour les bicyclet-
tes. Après avoir visité le curieux et très intéressant phare

de Gatteville, qui s'élève à la pointe nord la plus avancée
de la presqu'île du Cotentin, revenir reprendre sa machine à Gatteville (2 — 30').

Passant entre le débit *Leblond* et l'église, le ch., peu
fameux, de Barfleur, oblique à g., laisse plus loin à dr.
la statue de *N.-D. Auxiliatrice*, monte à dr. d'une tour
ruinée (restes d'un moulin) et rejoint à l'entrée de Barfleur, bourg très triste, la r. directe de Cherbourg.

Bientôt on arrive à une rue transversale, large et dé-
serte, vis-à-vis l'hôt. du *Phare* (2.5); à g., à trois
cents m., se trouve le petit port de Barfleur.

Traversant la r. de Barfleur à Quettehou (9.5), on
continuera, de l'autre côté de la rue par le ch. de Saint-
Vaast. Celui-ci franchit la *ligne de Carentan*, puis, co-
toyant l'extrémité du port, oblique à g. aux dernières maisons de Barfleur pour longer le rivage, très rapproché.

Petite côte (3') au hameau de Montfarville (2.8), ensuite le ch. descend et, après avoir touché le bord d'une
petite crique, tourne brusquement à dr. pour se diriger
dans l'intérieur des terres.

Ne pas s'occuper des croisements de ch. plus ou
moins bons, mais continuer toujours tout droit. On
passe devant la ferme à tourelles de la Crasvellie, au
hameau de Crasville (1.9), puis au village de Réville (1.9).

Après avoir contourné l'église de Réville le ch., perdant sa bordure de haies, retrouve à un détour le voisinage de la mer. Il traverse le pont de la *Saire* et longe
la plage dont la vue est interceptée par un malencontreux
talus garni d'un parapet jusqu'à Saint-Vaast-la-Hougue.

On entre dans cette petite ville en suivant une rue
affreusement pavée (5'). Parvenu à l'angle du débit de
tabac, continuer tout droit et, lorsqu'on aura dépassé
le portail de l'église, arrivé à une autre rue transversale
mieux pavée, tourner à g. pour se rendre à l'hôt. de
France (4), situé à côté du bureau de poste.

Saint-Vaast-la-Hougue possède un petit port avec jetée,
donnant vue sur l'île Tatihou voisine. Si on a du temps de
reste, se rendre à pied au *fort de la Hougue* (1.5), bâti à
l'extrémité d'une digue, contre laquelle s'adossent les cabines
de bains de la plage sablée de Saint-Vaast.

DE SAINT-VAAST-LA-HOUGUE A ISIGNY

Par Quettehou, Morsalines, Aumeville, Fontenay, Saint-Marcouf, Ravenoville, Foucarville, Sainte-Marie-du-Mont, Carentan et La Fourchette.

Distance : **50** kil. **700** m. *Pacé* : **17** min. *Côtes* : **47** min.

En quittant l'hôt. de *France*, tourner à dr. (Pavé 2'), et se diriger directement au sud vers Quettehou en traversant des prairies. A l'entrée de Quettehou (**2.7**), abandonner la direction de Valognes (18.5) et prendre à g., vis-à-vis l'hôt. du *Commerce*, l'agréable ch. de Carentan, par Sainte-Marie-du-Mont.

Après le premier village de Morsalines (**1.8**), on traverse un petit vallon; puis le ch. présentant deux montées douces, l'une de trois cents m., la seconde de deux cents m., laisse entrevoir par instant la mer, à g., au-delà des haies et des prés.

Dépassant Aumoville (**4.3**), deux légères montées de trois cents m. sont séparées par un raidillon (2'); ensuite descente vers le passage à niveau de la station de Sestre-Quineville, dans la vallée de la *Sinove*. Ayant gravi (10') le versant opposé, on atteint le pittoresque carrefour des *Landes* (**3.7**), situé au croisement de Quineville (2) à Montebourg (5).

Descente dans un pli de terrain, suivie d'une petite côte (6'); successivement on traverse les villages de Fontenay (**2.3**) et de Saint-Marcouf (**3**).

Après une montée de trois cents m., on arrive à Ravenoville (**2.2**), où se détache à dr. le ch. de Sainte-Mère-l'Eglise (7). Nouvelle côte de cinq cents m. (3'), puis la r., s'élevant insensiblement jusqu'à la *borne 19*, permet de découvrir à g. un horizon étendu sur une vaste plaine qui sépare la mer, à présent assez éloignée.

Petite descente à Foucarville (**2.1** — aub. *Osmont*), ensuite deux montées de cinq cents et trois cents m.; à dr. une ferme à tourelle. On atteint le carrefour de la *Croix-Berlot*. De ce point, une descente douce de trois kil. conduit au carrefour (**3.8**) d'Andouville-la-Hubert, village situé à g. de la r., et aux prairies du Val-de-la-Chaussée. Ici une côte (10'), pour gagner le hameau de la Chaussée, distant de 1.500 m. du carrefour de la Galie (**3.1**).

Au carrefour de la Galie, laissant à g. le ch. de la Madeleine (4) et de la Grande Dune (petite plage sablée de bains de mer), et devant soi la r. du Grand-Vey (4), situé à l'embouchure de la *Vire*, rivière qui ne pourrait être traversée dans cette direction, on prendra à dr. la belle et large r. de Carentan.

Celle-ci domine à g. la vaste plaine de Carentan, où viennent se réunir les rivières de la *Douve*, de la *Taute* et de la *Vire*, puis passe à Sainte-Marie-du-Mont (**1.2** — aub. au *Soleil-du-Midi*), gros village avec église remarquable.

La r., contournant l'église à dr., descend presque continuellement, sauf une côte (8'), jusqu'à l'embranchement (**6.8**) de la r. nationale de Paris à Cherbourg que vous connaissez déjà. Tourner à g. et continuer à descendre pour traverser la plaine qui précède Carentan (**3.1** — Hôt. d'*Angleterre*. — Pavé : 12').

A la sortie de Carentan, après avoir franchi le pont sur le canal de Vire, la r. de Paris monte une côte (5'), puis s'élève insensiblement jusqu'au hameau de **La Fourchette** (**3.7**), où se détache à dr. la r. de Saint-Lô, par laquelle on est déjà venu.

Continuant devant soi dans la direction d'Isigny, on dépasse (**3.8**) le mur d'un petit château à tours carrés ; ensuite deux agréables descentes conduisent dans la large vallée de la *Vire*, rivière que vous traversez au *pont de Vey*, situé sur la limite des départements de la Manche et du Calvados. Un kil. plus loin, après le passage à niveau de la *ligne de Bayeux à Isigny*, une dernière côte (3'), et par une belle avenue de peupliers, longue de deux kil., on arrive à la petite ville d'Isigny, renommée pour la fabrication du beurre.

Traverser Isigny (**3.1** — Pavé : 3') par la rue de *Cherbourg*, la place du *Marché* et la rue *Nationale*, pour arriver à l'hôt. de *France*.

D'ISIGNY A ARROMANCHES

PAR OSMANVILLE, MAISY, GRANDCAMP, SAINT-PIERRE-AU-
MONT, VIERVILLE, SAINT-LAURENT, COLLEVILLE, PORT-
EN-BESSIN, COMMES, MARIGNY, LONGUES, MANVIEUX ET
TRACY.

Distance : **45** kil. **300** m. *Côtes* : **45** min,

Partant d'Isigny on traverse à dr. le pont sur la
rivière de l'*Aure*, dont le lit endigué, à g. du pont,
forme un petit port. La r., très belle, se dirige ensuite vers
Osmanville (**1.4**). A ce village, situé au sommet de la
côte (3'), quitter la r. de Paris et dirigez-vous à g., à
l'angle de la maison d'école, par le ch. de Grandcamp,
bordé d'une ligne télégraphique. Ce ch., entre deux
haies, ondule capricieusement (montées de 500, 200 et
300 m.) et passe successivement aux hameaux de Saint-
Clément, de Fontenay, de Gefosse et au village de
Maisy (**6**).
. Depuis Maisy descente jusqu'à Grandcamp (**1.5** —
Hôt. de la *Croix-Blanche*), bain de mer avec belle
plage (galets, sable à marée basse) et mouillage de
petits bateaux de pêche, mais sans Casino.
A la sortie de Grandcamp le ch., découvert, gravis-
sant une première petite côte (4'), passe devant le
cimetière et l'église puis, descendant, traverse le pont
du *Hable* pour remonter (8') jusqu'à hauteur d'un vieux
moulin, à g. Ce début de r. offre peu d'intérêt; à dr. des
herbages, à g. le terrain ondulé de la falaise cache la
vue de la mer et on ne l'entrevoit dans le lointain qu'à
de rares intervalles. Cependant plus loin le ch. s'agré-
mente.

Montée de trois cents m. au hameau du Guay ; puis vous dépassez à g. deux châteaux transformés en fermes ainsi que l'église de Saint-Pierre-au-Mont (5). Quinzè cents m. après Saint-Pierre-au-Mont le ch. longe les bâtiments de l'ancien château d'Englesqueville, à dr. ; On descend ensuite jusqu'à Vierville (6 — superbe plage de sable à six cents m. à g. de la r. — Aub. *Le Bonnois* et *Houel*) où se détache à dr. la r. de Bayeux (20).

Petite montée suivie d'une descente conduisant à Saint-Laurent (2.5). Autre montée de cinq cents m., puis descente dans le joli vallon de Colleville où vous laissez à dr. le château de ce nom et, plus loin, le village de Colleville (3).

Après une plaine, vient Sainte-Honorine-des-Perles (3) situé au fond d'un nouveau vallon encaissé, occasionnant une petite descente rapide suivie d'une côte (3'). On roule ensuite sur le sommet de la falaise, ce qui permet d'apercevoir la mer. Agréable descente de deux kil. pour arriver au croisement (4.1) de la r. de Bayeux (9) à Port-en-Bessin.

Ici, le bicycliste pourra descendre à g. la r. conduisant à Port-en-Bessin (0.7 — Hôt. de l'*Europe*), actuellement petit port de pêche avec bassins et jetées, mais où de grands travaux doivent être entrepris pour sa transformation en port de guerre. Cette visite faite, revenir (côte : 6') reprendre (0.7) le ch. d'Arromanches, à g., vis-à-vis celui de Grandcamp.

Traversant une large dépression de terrain, bordée à g. par le revers des falaises, on arrivera à Commes (1.4) au début d'une côte longue de un kil. (12'). Dépassé le village de Marigny (2.5 — Côte : 3') on domine à dr. les fonds verdoyants de la vallée de l'*Aure*.

Un kil. plus loin descente rapide à Longues (1), suivie d'une montée (1') dans le même village. Ici faire attention, car parvenu à une bifurcation, là où deux arbres sont plantés sur une sorte de petite terrasse, il ne faut pas se laisser entraîner sur la r. devant soi — on irait à la mer — mais prendre la direction de dr. pour sortir de Longues. On traverse une plaine laissant à dr., sur la hauteur, le village de Fontenailles.

A la bifurcation suivante (2), voisine de la *borne 38*, continuer à g. pour descendre pendant quinze cents m.

jusqu'à Manvieux (**1.5**), situé dans un pli de terrain (Côte : 2'), d'où on gagne Tracy (**1**) et enfin le croisement (**0.6**) de la r. de Bayeux (8.9) à Arromanches.

Tournant à g., une descente très rapide conduit à la Brèche-de-Tracy où on atteint les premières villas de la jolie station balnéaire d'Arromanches, vers laquelle se dirige à dr. notre ch. passant devant l'entrée de l'hôt. du *Chemin-de-fer* (**1.4**).

Nota. — C'est à Arromanches que commence la série des belles plages de sable qui se succèdent sans interruption tout le long de la côte du Calvados jusqu'à Trouville et que nous visiterons successivement.

D'ARROMANCHES A LUC-SUR-MER

Par Saint-Côme-de-Fresné, Asnelles, Ver, Courseulles, Bernières, Saint-Aubin et Langrune.

Distance : **22** kil. *Côtes* : **30** min.

Nota. — Rien de si divertissant que le parcours compris
entre Arromanches et Trouville, le long de la côte où s'étendent les plus magnifiques plages de sable de la Normandie.
Aussi, avons-nous divisé ce trajet en trois très courtes étapes afin que le bicycliste, s'il ne lui est pas loisible d'y
séjourner, puisse consacrer au moins quelques temps d'arrêt
à chacune des stations balnéaires qu'il traversera.
L'embouchure de l'*Orne*, à Ouistreham (*V.* page 82) forme
la ligne de démarcation entre les plages de famille et les plages mondaines. D'Arromanches à Ouistreham c'est la vie des
bains de mer sans prétention, tandis que passé l'Orne, du
Home-Varaville à Trouville, ce sont le luxe et l'élégance qui
attirent la foule des baigneurs.

En sortant de l'hôt. du *Chemin-de-fer* suivre la rue à
g. pendant quelques m., puis tourner à dr. sur le ch. de
Creuilly. A l'extrémité de la rue, près l'église d'Arro-
manches, tourner à gauche.
On aura à gravir ici la colline escarpée (Côte : 15')
séparant la vallée d'Arromanches de celle d'Asnelles.
Descente très rapide et dangereuse à Saint-Côme-de-
Fresné (**1.9**). Lorsqu'on aura dépassé les balustrades
blanches qui font face au château, abandonnez le ch. de
Creuilly (**8.4**) devant vous et, laissant à dr. le ch. de
Bayeux (**11.1**), dirigez-vous à g. vers la mer en suivant
la ligne du télégraphe.

Notre ch. décrit une courbe à dr. dans la plaine en passant derrière les villas de la magnifique plage d'Asnelles (**1.2** — Hôt. *Belle-Plage* ; *Repos*), située à cent m. sur la gauche.

D'Asnelles à la plage de Ver, il existe deux r.; la première, par Asnelles-le-Village (1), Meuvaines (2.5), Ver-le-Village (3) et Ver-Plage (1.5), fait un détour considérable et présente plusieurs côtes. La seconde, qui raccourcit de moitié, est le nouveau ch., absolument plat tracé en ligne droite à travers la plaine jusqu'à Courseulles, prolongement du ch. par lequel on est arrivé à Asnelles. Il est malheureusement mal entretenu — on doit le réparer prochainement — jusqu'à Ver et même très mauvais pendant un kil. (à pied : 15'); cependant il y aura tout avantage à le prendre. Il traverse une immense prairie où pature un nombreux bétail et demeure presque de niveau avec la mer dont les flots viennent mourir à peu de distance. Sur la colline à dr. on remarque la lanterne blanche du phare de Ver.

Aux premières maisons de la plage de Ver (**5.2** — plage étendue mais encore en formation ; dix maisons; hôt. *Bouezou*) le ch. s'améliore ; à g. la digue est garnie d'un long parapet s'opposant à l'envahissement de la mer. Devant soi on aperçoit Courseulles.

A proximité de ce gros bourg, qui offre un petit port avec jetées et bassins, on traverse la rivière de la *Seulles*; puis le ch., obliquant à dr., franchit le pont qui sépare le chenal et le bassin. De l'autre côté du pont, tournant à g. longer le chenal, en laissant à dr. le parc à huîtres, et se diriger vers la jetée.

Vous rendre à l'extrémité de la jetée pour donner un coup d'œil à dr. sur les bains de Courseulles dont la plage va se prolongeant vers l'Est dans la direction de Bernières, autre station balnéaire dont vous apercevez le clocher.

Revenant sur vos pas suivre la r. de Bayeux (**21.5**) en laissant à g. la gare du ch. de fer de *Caen à la mer* et plus loin, après la place, du même côté l'hôt. recommandé des *Étrangers* (**4.9**). Continuant dans Courseulles par la rue de la *Mer* on arrivera à la place de la *Mairie* (**0.5**), où s'élève une croix centrale.

Excursion recommandée au départ de Courseulles. — par Graye (1), Banville (2), Creuilly (5.5 — Château remarquable, autrefois une des forteresses les plus importantes du Calvados), Saint-Gabriel (2.5 — Belles ruines d'un ancien prieuré), Creuilly (2.5), Pierrepont (3), Fontaine-Henry (3.5 — Beau château renaissance), Moulineaux (1), Reviers (2.5) et Courseulles (3.5).

Sur la place de la mairie de Courseulles suivre à g. le ch. de Caen à Courseulles passant par la rue de *Bernières* (deux ruisseaux pavés). Une plaine peu étendue sépare Courseulles de Bernières ; à g. on voit les tribunes du champ de courses de Courseulles.

Parvenu à la place de l'église de Bernières (**2.6**) le ch. tourne à dr. et se dirige vers Saint-Aubin.

Si on désire voir la plage en formation de Bernières on devra, sur la place de l'église, suivre à g. la rue des *Ormes* et, parvenu à la plage, revenir rejoindre la r. de Saint-Aubin par la rue de la *Gare* située vis-à-vis la station du ch. de fer. Ce détour allonge de un kil.

Dans la rue de *Saint-Aubin* (**2.1**), à hauteur du n° 97, tourner à g. par la rue de la *Mer* qui vous conduira à la plage, une des plus intéressantes de la côte, avec sa digue bordée d'élégantes villas sur une longueur de plus d'un kil. Malheureusement le passage sur la digue étant interdite aux vélocipèdes (à g. hôt. *Saint-Aubin*), nous devrons prendre à dr. la rue *Pasteur* qui longe la façade opposée des villas jusqu'à Langrune.

L'étape d'Arromanches à Luc étant très courte, il est probable qu'on aura du temps de reste. On pourra en profiter pour laisser en garde sa machine à l'hôt. *Saint-Aubin* et s'amuser à parcourir à pied la petite digue promenade jusqu'au Casino. On reviendra ensuite reprendre sa machine à l'hôt. et on se dirigera vers Luc comme il est indiqué ci-après.

Les plages de Saint-Aubin et de Langrune se touchent et n'en font pour ainsi dire qu'une. Toutefois à l'entrée de Langrune on devra tourner à g. et cent m.

plus loin, arrivé à la plage, tourner à dr. par la rue de la *Plage* conduisant à la petite place où sont situés les hôt. de la *Mer* et *Belleoue* (**2.1**).

Dépassant les hôt. de la *Mer* et *Belleoue* continuer tout droit en longeant le trottoir de la digue et, à l'extrémité du trottoir, tourner à dr. dans une petite ruelle qui vous conduit presque aussitôt à la r. de Luc à g. Celle-ci, tracée en corniche, offre un beau panorama sur la mer ; à dr. dans la plaine on aperçoit les deux clochers de l'église de *Notre-Dame-de-la-Délivrande*.

A l'entrée de Luc (**1**) se détache à dr. la r. de Caen (**16.3**) et à g. commence la digue-promenade. Une légère montée vous faisant ensuite passer entre le Casino et la bordure des maisons, vous amène à hauteur de l'hôt. du *Petit-Enfer*, situé au centre de la plage de Luc-sur-Mer (**0.5**).

Excursion recommandée au départ de Luc. — De Luc à la Chapelle-de-Notre-Dame-de-la-Délivrande (6 kil. aller et retour), célèbre pélérinage qui attire chaque année un nombre considérable de fidèles.

DE LUC-SUR-MER A CABOURG

PAR LION-SUR-MER, OUISTREHAM, BÉNOUVILLE,
SALLENELLES ET LE HOME-VARAVILLE.

Distance : **27** kil. **500** m. *Côtes* : **10** min.

Nota. — Un petit ch. de fer *Decauville*, suivant le tracé de
la route fait le service entre Luc-sur-Mer et Cabourg en
1 h. 45 min. (Prix des places : 3 fr. 50, 2 fr. 60, 1 fr. 75.
Transport des machines : 50 c. par bicyclette). On change
de train à la station de Bénouville.

A la sortie de l'hôt. du *Petit-Enfer*, laissant à dr. la r.
de La Délivrande (3) et de Caen (16.1), on suivra le ch.
d'Ouistreham qui longe la plage et rejoint, à l'arrêt du
Petit-Enfer, la ligne du tramway de *Luc-sur-Mer à
Caen*. Petite montée; à dr. plaine monotone, à g. vue sur
la mer et les côtes du Calvados jusqu'à la pointe de
Honfleur.

A l'entrée de Lion-sur-Mer (**3.1**) quitter la r. directe
d'Ouistreham et prendre à g. le ch. entre des maisons.

A l'extrémité de la rue, continuant à dr. on passera
devant l'hôt. *Belleoue* (très belle vue sur la plage de
Lion-sur-Mer), puis on traversera une première rue
(deux ruisseaux), ensuite une seconde rue transversale,
à l'angle de l'*Epicerie Parisienne*, pour rejoindre (**1.4**),
aux derniers chalets de Lion, le ch. d'Ouistreham.

Celui-ci, absolument plat et droit, parcourt une plaine
peu intéressante, la vue de la mer étant interceptée à
à g. par l'exhaussement de la dune. On dépasse la batterie de Colleville (**1.5**).

Près d'arriver au port d'Ouistreham, à hauteur de la gare des tramways et à l'angle de l'hôt. du *Tramway* (**1.9**), on laisse à g. un bon ch. conduisant à la mer (0.3 — quelques cabines de bain) et, à dr., le ch. du village d'Ouistreham (1). Continuant devant vous, vous arriverez bientôt au petit port d'Ouistreham (**0.6**) situé à l'entrée du canal de la mer à Caen.

Ici, laisser sa machine, soit à l'hôt. du *Calvados*, soit à l'hôt. de l'*Univers* et se rendre à l'extrémité de la jetée d'où on découvre les côtes du Calvados depuis la pointe de Luc jusqu'à celle d'Honfleur et devant soi, quand le temps est clair, les côtes du Havre.

A partir du port d'Ouistreham, suivre à dr. le ch. de halage du canal jusqu'à la station de Bénouville; joli trajet.

A la **station de Bénouville** (**4.7**), abandonnant la direction de Caen (10), traverser le pont du canal à g., puis les prairies de la vallée et le pont sur la rivière de l'*Orne*, appelé *pont de Ranville*, tout en longeant à présent la ligne du tramway de *Caen à Dives*.

Après le pont de Ranville, côte très dure (10') en contournant à g. le village de Longueville et en laissant à dr. (**1.2**) la r. d'Argences (16). Notre ch. remonte à présent vers le nord dans la direction de la côte, laissant entrevoir le sémaphore du port d'Ouistreham, où on est passé précédemment, et l'embouchure de l'Orne.

Au delà du village de Sallenelles (**3.8**), dans une région marécageuse, le ch. côtoie à g. des dunes empêchant de voir la mer, et à dr. des prairies; cependant le sommet des dunes devient habité et on y remarque les chalets espacés des bains solitaires du Home-Varaville (**4.9** — Hôt. *Sainte-Marie*, plage splendide).

Laissant à g. plusieurs avenues conduisant aux chalets de la dune, mais qui ne rejoignent pas de ch. carrossable sur le bord de la mer, on atteint, plus loin, l'église isolée du Home-Varaville (**1.5**), tandis qu'on longe à dr. le champ de course de Cabourg.

Dans ces parages, il faudra faire attention : lorsqu'on aura dépassé la *borne 12*, parvenu au poteau d'*arrêt de*

Cabourg-Pépinière (**2.3**), quitter la r. et suivre l'avenue à g. passant à dr. d'une maison grise. Plus loin, à la bifurcation, continuer à g.; puis prendre la première avenue à dr. qu'on suivra directement jusqu'à la quatrième avenue transversale, l'avenue de la *Mare*, principale rue de Cabourg, où se trouve situé à l'angle g. l'hôt. du *Nord* (**0.6**).

Pour se rendre à la plage, descendre à g. l'avenue de la Mare; à son extrémité se diriger à g. des pelouses qui s'étendent devant le bâtiment monumental du Grand-Hôtel, puis suivre la quatrième avenue à g. Dans celle-ci, l'avenue du *Casino*, la première à dr., vous mène sur la magnifique digue, promenade de la plage de Cabourg une des plus élégantes de la côte. Casino grandiose.

DE CABOURG A TROUVILLE

Par Dives, Beuzeval, Houlgate, Auberville, Villers-sur-Mer, Blonville, Bénerville et Deauville.

Distance : **21** kil. **500** m. *Côtes* : **53** min.

A la sortie de l'hôt. du *Nord*, remonter à dr. l'avenue de la *Mare* jusqu'à (**0.2**) la r. de Dives qu'on prendra à gauche.

Traversant la vallée de la *Dives*, on franchit successivement un premier pont jeté sur cette rivière, le passage à niveau de la *ligne de Mézidon à Trouville*, enfin, le pont sur la *Vie* canalisée et vous arrivez à la coquette et ancienne petite ville de Dives (**0.9**).

A l'angle de l'*hostellerie de Guillaume le Conquérant*, se détache à dr. la rue de *Lisieux*, qui conduit à la vieille église de Dives, dont la fondation remonte à Robert I", dit le *Diable*, père de Guillaume le Conquérant.

De l'église de Dives on peu monter à pied (40') au sommet de la *butte Caumont* où se trouve la colonne commémorative élevée à l'endroit où Guillaume le Conquérant donna, en 1066, le signal du départ de la flotte pour la conquête de l'Angleterre. — Point de vue splendide.

Au delà de Dives, la r. de Beuzeval, entre la ligne du ch. de fer et une falaise étrangement découpée, découvre l'embouchure de la Dives; puis, laissant à dr. le ch. de Branville (8.9), franchit le passage à niveau du ch. de fer.

Immédiatement après la voie ferrée on passe devant la plage et les bains de Beuzeval (**1.8**), ensuite traversant la petite rivière du *Douet-Drauchon*, vous entrez dans Houlgate.

Dépassant l'hôt. de *Paris* et laissant à dr. le ch. direct de Villers (7), par le vieux Beuzeval, on continuera la rue d'Houlgate jusqu'à l'hôt. *Bellevue* (**0.8**).

A g. de l'hôt. de Bellevue, la rue de la *Mer* conduit au Casino et à la plage d'Houlgate (0.1).

Ici, tourner à dr. sur la *route de Trouville*, petite avenue montante (10'), bordée d'arbres, qui vous mènera à un square qu'on contournera. De l'autre côté du square continuer l'avenue jusqu'à un joli rond-point.

A ce rond-point, suivre l'indication de la flèche vous conduisant à g. par le ch. dit de la *Corniche*. On gravit une longue rampe (35') dont la fatigue est amplement dédommagée par un merveilleux panorama sur la côte, le village de Beuzeval-Houlgate, l'embouchure de la Dives et le vallon boisé du *Douet-Drauchon*.

Près d'arriver au sommet de la côte le ch. (un peu raboteux) s'éloignant du vallon, tourne à g., découvre à présent la mer, puis s'abrite entre des haies gracieuses. Parvenu à un ch. transversal (4.4), tourner à g. dans la direction de l'église d'Auberville indiquée par le poteau avec flèche. On passe sous une véritable arcade de verdure et on arrive à l'extrémité du ch. au petit cimetière de l'église d'Auberville (0.7).

A cet endroit entrer à g. dans la ferme de M. *Liegeard* et se faire conduire au point de vue situé au-dessus du *Désert* et du *Chaos*, éboulements pittoresques de cette partie de la falaise dite des *Vaches-Noires*. Vue magnifique sur toute la côte.

Revenir ensuite sur ses pas jusqu'au ch. de la corniche par lequel on est venu; mais laissant ce ch. à dr. on ira rejoindre, deux cents m. plus loin (0.9), la r. directe de Dives à Villers-sur-Mer.

Tournant à g. sur la r. on dépasse un peu plus loin, au *café d'Auberville*, à dr. le ch. de Branville (5.5). Descente rapide et dangereuse de deux kil. vers Villers. A l'entrée de cette nouvelle station balnéaire, suivre à g. la rue de l'*Église*. Devant l'église, la r. tourne brusquement à g. et, cinquante m. plus loin, à dr. dans la rue du *Casino*. Celle-ci traverse une petite place octogonale ou sont situés à dr. l'hôt. du *Bras-d'Or* (2.8) et à g. le café de *Paris*, puis atteint l'extrémité de la plage de Villers.

La r. longe un moment la mer ayant en bordure à dr. un gracieux alignement de coquettes villas de tous styles. Mais à ce charmant passage succède la traversée d'une plaine dénudée, large de trois kil. et le long de laquelle la vue de la mer est interceptée par l'élévation de la dune. A mi-ch. de ce véritable Sahara, le hameau Goblain (1.7) présente ses deux ou trois chalets.

A l'extrémité de la plaine on atteint Blonville (**1.5**), plage en formation avec une petite réunion de châlets, au début d'une côte très dure (8'); belle vue en arrière.

La côte gravie, près de la petite église isolée de Bénerville (**0.8**), vous dominez à présent la vallée de la *Touques* et le port de Trouville. Descente rapide et dangereuse d'un kil. vers la plaine de Deauville que la r. traverse à plat. A g. plusieurs avenues conduisent à la plage de Deauville (0.5) aujourd'hui un peu abandonnée.

Successivement on dépasse à dr. l'*Orphelinat Saint-Joseph*, l'église de Deauville (**2.7**), la r. de Pont-l'Evêque (14.2), ainsi que le champ de course pour arriver par une belle avenue à l'entrée de Trouville, la station balnéaire la plus fréquentée de la côte normande.

Après être passé entre l'extrémité des bassins du port et la gare du ch. de fer, on franchit le pont sur la rivière de la *Touques*. De l'autre côté du pont, se diriger à g. par les quais de *Joinville* et *Tostain*. Sur ce dernier quai, parvenu à hauteur du n° 38 et du café *Jéhors*, vis-à-vis le marché couvert de la *Poissonnerie*, ne pas continuer la ligne des quais, mais suivre à dr. la rue commerçante et tortueuse des *Bains*. Près du n° 68 on atteindra un carrefour de quatre rues formant une petite place ; à dr. se trouve l'entrée de l'hôt. *Tivoli* (**2.3**).

Visite de la ville de Trouville. — Promenade sur les *planches* de la plage entre la jetée du port et la jetée métallique, dite des anglais. — Casino. — Parcours des quais Vallée, Tostain et Joinville. — Eglises de Bon-Secours et de Notre-Dame-des-Victoires.

Excursions recommandées au départ de Trouville. — Au ruines du château de Bonneville, ancienne résidence de Guillaume le Conquérant, par Touques (3.5), Bonneville (1) et retour par Touques (1), de Saint-Arnoult (1.5 — Belles ruines d'une abbaye), le château de Lassoy (0.5 — Ruines peu importantes mais très beau point de vue), Saint-Arnoult (0.5), Deauville (3) et Trouville (2). — Au château d'Hébertot par le château d'Aguésseau (1.5), Saint-Gratien (6.5), Saint-Benoît-d'Hébertot (7), Saint-André-d'Hébertot (1) et retour par Pont-l'Evêque (8) et Trouville (11).

Pour mémoire. — De Trouville à Lisieux par Pont-l'Evêque (11) et Lisieux (17).

DE TROUVILLE AU HAVRE

Par Hennequeville, Villerville, Criquebeuf
Vasouy et Honfleur.

Distance : **15** kil. **100** m. *Côtes* : **36** min.
Paod : **23** min.

La r. de Trouville à Honfleur est une des plus jolies de la Normandie. Elle offre des points de vue enchanteurs et des sites romantiques, mais son parcours est très accidenté; succession de côtes et de descentes.

D'Honfleur au Havre on traversera l'embouchure de la Seine en bateau à vapeur. (Consulter l'horaire ; si on ne veut pas coucher à Honfleur, profiter du départ à la marée du soir, heures variables. Durée de la traversée : 40 min. Prix des places : 2 fr. et 1 fr., par bicyclette, 50 c. en plus. Faire placer sa machine à bord, de préférence sous le canot aux premières).

A la sortie de l'hôt. *Tivoli*, prendre à dr. la rue d'*Orléans* qu'on suivra jusqu'à la hauteur de l'hôt. des *Roches-Noires*. Devant cet hôtel gravir à dr. la côte (12') de la r., dite de la *Corniche*, — vue superbe — qui rejoint plus haut l'ancienne r. d'Honfleur.

On passe au village de Lieu-Godet (**1.9**) et un peu plus loin à celui d'Hennequeville (**0.6**), petite plage en formation. Après une côte (5'), au pied de pittoresques falaises, on descend à Grand-Bec (**1.1**), puis remontant (3') et descendant de nouveau vous arrivez à Villerville (**1.8**).

Près de l'église, la *Grande-Rue*, à g., mène à la plage et aux bains de Villerville (0.4 — Hôt. de la *Mer*).

Une nouvelle côte (5'), suivie d'une descente, conduit au romantique village de Criquebeuf (**1.4**) dont la petite église, avec son clocher, disparaissent sous le lierre. Dans le voisinage de l'église, le musée du *Manoir*, propriété de M. le Dr *Le Goupils*, est une autre curiosité de Criquebeuf.

Le ch. très ombragé, continuant à descendre, atteint l'embranchement (**0.7**) de la Planche-de-Pierre où aboutit à dr. la r. de Touques (8.1) et de Pont-l'Evêque (17.8).

Plus loin, au-delà de quelques maisons, vous franchissez un ruisseau; puis la r., montant (3'), laisse à dr., à l'angle de la mairie de Penne-de-Pie (**1.6**), le ch. d'Honfleur (6.8) par Equemauville (3.7); continuer à g. par Vasouy.

On passe sous des arceaux de verdure tandis que le ch., ondulant, rejoint un moment le niveau de la mer pour monter (3') ensuite à Vasouy (**2.1**). De gracieux contours ramènent au bord des flots; à dr., l'ancien Casino d'Honfleur, aujourd'hui fermé.

Le ch. longe à présent la base de la colline boisée de *Notre-Dame-de-Grâce*, laisse à g. le café-rest. de la *ferme Saint-Siméon* et atteint en montant (5') l'octroi (**2.6**) d'Honfleur.

A dr. de l'octroi, un chemin escarpé (15') conduit sur la *Côte de Grâce* à la chapelle de *Notre-Dame-de-Grâce* (0.8 — café-rest. de la *Renaissance* — magnifique vue sur l'embouchure de la Seine). On montera à la chapelle de Notre-Dame-de-Grâce si on présume avoir assez de temps avant le départ du bateau à vapeur pour le Havre.

On entre en ville par les rues étroites de *Grâce* et des *Capucins* (Pavé : 8'). A l'extrémité de cette dernière, tournant à g. par la rue du *Puits*, vous traversez une place, en laissant à g. l'église Sainte-Catherine, et par la rue *Prémord* vous arrivez au quai *Beaulieu*. Sur ce quai à g. se trouve situé l'hôt. du *Cheval-Blanc* (**0.6** — café de *Paris*), vis-à-vis l'embarcadère des bateaux à vapeur du Havre.

Visite de la ville d'Honfleur. — Promenade sur la jetée — Eglises Sainte-Catherine et Saint-Léonard — Ancienne porte de la Lieutenance.

Pour mémoire. — D'Honfleur à **Lisieux** par Pont-l'Evêque (16) et Lisieux (17). — à **Evreux**, par Fiquefleur (6), Beuzeville (10), Martainville (8), Epaignes (6), Licurey (8), Marché-Neuf (13), la Rivière-Thibouville (14), La Commanderie (14) et Evreux (18). — à **Rouen** par Fiquefleur (6), Pont-Audemer (18), Bourgachard (23), Grand-Couronne (15) et Rouen (12).

Pendant la traversée d'Honfleur au Havre on jouit, quand le temps est clair, d'un splendide coup d'œil sur la Seine, sillonnée par de nombreux navires. Puis vous éloignant de la rive g., vous vous rapprochez de celle de dr. pour entrer dans le port du Havre.

Le débarquement a lieu au Havre sur le *Grand-Quai*. Quand on aura mis pied à terre, tourner à g., ensuite presque aussitôt à d. dans la rue de *Paris* (Pavé : 15'). Suivre cette rue jusqu'aux nos 106 et 108 où est situé le *Grand Hôtel de Normandie* (1er ordre — U. V. F.). Quelques m. plus loin on arrive à la place *Gambetta* (0,7), entre le théâtre à g. et le bassin du Commerce à dr. Sur cette place, la troisième rue à g., la rue *Corneille* conduit à l'hôt. des *Négociants*.

Nota. — Le bicycliste qui au début du voyage, au départ de Rouen, n'aurait pas suivi la première partie de notre itinéraire dans la haute Normandie et qui par conséquent n'aurait pas encore vu le Havre (*V.* page 18), devra consacrer une journée à la visite de cette ville.

Du Havre à Rouen on pourra choisir l'itinéraire par Yvetot que nous indiquerons ci-après, ou bien suivre, mais en sens inverse, l'itinéraire par Caudebec décrit aux étapes des pages 11 à 18.

DU HAVRE A YVETOT

Par Graville, Harfleur, Saint-Romain, Bolbec
et Allouville-Bellefosse.

Distance : **54** kil. **200** m. *Pavé :* **37** min.
Côtes : **55** min.

A la sortie de l'hôt. de *Normandie* tourner à dr. dans
la rue de *Paris* (Pavé : 4') qui traverse la place *Gambetta*.
Parvenu à la place de l'*Hôtel-de-Ville*, contournant le
square à dr., traverser le b⁴ de *Strasbourg* et suivre un
moment la rue *Thiers*. Dans la rue Thiers prendre la
deuxième rue à dr., la rue du *Lycée* et continuer comme
il est indiqué plus bas.

(Si on quitte l'hôt. des *Négociants*, tournant à g. par
la rue *Caroline* (Pavé : 3') on arrivera sur le côté de la
place de l'*Hôtel-de-Ville* dont on longera, devant soi,
le square à dr. A hauteur du café *Guillaume-Tell*, couper le b⁴ de *Strasbourg* puis prendre la 1ʳᵉ rue à dr., la
rue de l'*Orangerie*, passant derrière l'Hôtel-de-Ville.
Parvenu à l'extrémité de la grille du square, tourner à
g. dans la rue *Thiers* puis suivre à dr. la rue du *Lycée*.)

A l'extrémité de la rue du Lycée tourner à g. dans
la rue *Lesueur* et de suite à dr. dans la rue *Bonvoisin*.
Celle-ci aboutit à la rue de *Toureille* qu'on prendra à
g. pour tourner presqu'aussitôt à dr. dans la rue *Dumé-
d'Aplemont*. On arrive ainsi au cours de la *République*.
Tourner à dr. sur le cours puis immédiatement à g.
dans la rue *Demidoff.*

A l'extrémité de la rue Demidoff on tournera à g. sur
le b⁴ de *Graville* qui mène à la rue de *Normandie*
(Pavé : 3'). Ici tourner à dr. en longeant la ligne des
tramways.

Bientôt on passe au pied de l'église de Graville (4.7), jadis ancienne abbaye, située sur la colline à g. dans le voisinage d'une statue colossale de la Vierge (un ch. à côté de la maison portant le n° 259, conduit à l'église) ; on laisse derrière soi les dernières habitations du faubourg. La r. descend vers Harfleur, tandis qu'à dr. la rue s'étend sur la large vallée de la Seine et les plaines coupées par le canal de Tancarville.

Dans Harfleur (2.7 — Pavé : 8'), se détache à dr. le ch. de Tancarville (21.9 — *V.* page 16). Suivant la rue de la *République*, on traverse le pont sur la petite rivière de la *Lézarde* et on dépasse à dr. l'intéressante église d'Harfleur. Plus loin, continuant par la rue *Carnot*, vous atteindrez l'extrémité de la ville.

Ici, laissant à g. la r. de Fécamp (35), par Montivilliers (8) et Goderville (25), on gravira à dr. la côte de deux kil. (30') de la r. de Saint-Romain. Jolie vue à g. sur les vallons de la *Lézarde* et de la rivière de *Saint-Laurent*.

Parvenu sur le plateau, la r. parcourt une région fertile en pâturages, passe devant plusieurs belles propriétés, puis traverse successivement les petites communes d'Orcher (4), de Gaineville (1.9), où la plaine prend un aspect plus uniforme, et le ham. de la Botte (3.4). Plus loin vous dépassez sur la dr. le village de Saint-Aubin (1) et enfin le bourg de Saint-Romain (2.3 — Hôt. du *Nom-de-Jésus*) où viennent aboutir les ch. de Criquetot (16.1), de Goderville (13) et de Lillebonne (15.5).

La r. continue à onduler modérément, coupant, au carrefour des *Trois-Pierres* (3.2), le ch. de Lillebonne (11.5) à Montivilliers (15.5); deux kil. et demi plus loin, à hauteur de la *borne* 79.7, elle bifurque. Devant soi un ch. de raccourci, que nous ne vous conseillons pas, longe la ligne télégraphique, tandis que la vraie r., bordée d'arbres, se dirige à dr. On devra la suivre car elle présente une charmante descente douce de près de trois kil. à travers un joli fond boisé jusqu'aux premières maisons de Bolbec (7.2 — Pavé : 17' — Hôt. de *Fécamp*).

Cette petite ville industrielle, qui renferme plusieurs
filatures, est située dans une jolie vallée, au croisement
de la r. de Goderville (12) à Lillebonne (8.1). Toutefois
des rues sombres et mal entretenues rendent Bolbec peu
agréable; aussi le bicycliste se hâtera de traverser la ville
par les rues du *Havre*, *Léon-Gambetta*, la place *Léon-
Desgenetais* et la rue de la *République* aboutissant à la
place du *Marché*, située en contre bas. Sur cette place,
la r. de Rouen monte à dr. la longue côte (25') de la
rue *Guillet*.

Si au lieu de gravir la rue Guillet à dr., on continuait tout
droit, on passerait par la *Vallée*, étroit vallon où se trouvent
de nombreuses et importantes manufactures. Les deux r. se
rejoignent au village de Lanquetot; la distance est la même
et il y a autant à monter d'un côté comme de l'autre. La
rampe par la Vallée est cependant moins dure.

Le premier village laissé sur la g. est Lanquetot (4.9),
puis la r., plutôt descendante, ondule à travers une
plaine de belle culture, mais dont quelques bouquets de
beaux arbres rompent difficilement la monotonie. Deux
montées légères de 200 et 400 m. précèdent le débit
d'Alliquerville (4.9), au croisement du ch. de Caudebec
(13) à Fauville (7).

Deux autres montées de 300 m. se présentent ensuite,
la première un peu dure; puis on dépasse l'église d'Al-
vimare (2.7). Plus loin, on atteint, à proximité de la
voie ferrée, le carrefour du Poteau (2.8) situé au croisement de la r. de Fécamp (26.5) à Caudebec (13.2).
Ici quitter la r. directe d'Yvetot (6.3), et, traversant la
plaine à dr., on se dirigera par le ch. de Caudebec vers
Allouville-Bellefosse (2.3).

Ce détour insignifiant a pour but de faire voir le
Chêne d'Allouville voisin de l'église du même nom. Cet
arbre, remarquable par sa grosseur, mesure à la base
15 m. de circonférence; il est entièrement creux à l'intérieur et on y a construit deux petites chapelles super-
posées.

Contournant l'église d'Allouville-Bellefosse et laissant à dr. le ch. de Lillebonne (16), on suivra à g. celui d'Yvetot qui serpente capricieusement dans la plaine (deux petites montées).

A l'entrée d'Yvetot, à la bifurcation, suivre le ch. à g. Après quelques m. de pavage (2') vous arriverez à hauteur de l'hôt. des *Victoires* (6.2).

La petite ville d'Yvetot, située dans une plaine dépourvue de cours d'eau, au croisement de la r. de Saint-Valery-en-Caux (32), par Cany (20), et de celle de Duclair (27), par Caudebec (11), offre peu de curiosités. Ses rues larges et bien entretenues manquent d'animation. Une chanson de Béranger a rendu populaire le souvenir de la royauté d'Yvetot au moyen-âge.

D'YVETOT A ROUEN

Par Sainte-Marie-des-Champs, Croix-Mare, Bouville, Barentin et Maromme.

Distance : **36** kil. **300** m. *Pavé* : **35** min.
Côtes : **33** min.

Entre Yvetot et Rouen, il n'y a pas de localité où on puisse déjeuner convenablement. On fera donc bien de parcourir cette étape soit le matin, pour aller déjeuner à Rouen, soit l'après-midi après avoir déjeuné à Yvetot.

Pour éviter un long pavage, le bicycliste sortant de l'hôt. des *Victoires*, suivra à g. la rue *Carnot* (Pavé: 1'), laissant à g. la rue de la *République*, et arrivera à la place d'*Armes*. Ici continuer à g. par la rue *Carnot* jusqu'à la place du *Champ-de-Foire*. A l'entrée de cette place, tourner à dr., entre deux maisons peintes en gris, dans une courte rue sans dénomination et, parvenu à son extrémité, tourner à dr. pour rejoindre (**0.6**) presqu'aussitôt la r. de Rouen.

La r. de Rouen, à g., descend légèrement et ne traverse jusqu'à Barentin que des localités sans importance. Après Sainte-Marie-des-Champs (**1**) et une montée de trois cents m., on atteint la bifurcation de Loumare (**1.9**), où on laisse à g. le ch. de Tôtes (20).

Continuant à dr. la r., excellente, bordée de beaux peupliers, parcourt une plaine fertile, légèrement ondulée qu'agrémentent quelques bouquets d'arbres disséminés çà et là. Montée un peu dure de 400 m.; plus loin se détache à g. (2.5) le ch. de Saint-Valery-en-Caux (20.5) par Doudeville (12.5).

Dépassé Croix-Mare (2.1) descente douce à laquelle succède une série d'ondulations. Après une montée légère de 400 m., descente agréable de 1.500 m. suivie de de deux côtes (6').

On passe à Bouville (5.5) pour monter ensuite pendant quatre cents m. en laissant à dr. une briqueterie. Après une nouvelle petite rampe de deux cents m., commence la descente très rapide, aux tournants dangereux, qui conduit à Barentin, gros bourg situé dans la vallée industrielle de *Sainte-Austreberte;* à g. beau viaduc du ch. de fer.

A Barentin (5 — Pavé : 4') où croise la r. de Duclair (10) à Limesy (8.6), on traverse les deux ponts sur la petite rivière de la Sainte-Austreberte.

Côte de deux kil. (25') remontant un vallon boisé pour regagner un plateau d'aspect plus varié. Entre Malzaize (2.5) et Saint-Jean-de-Cardonnay (3.8), trois montées dont une un peu dure (2'); puis après Lavalette (2), descente rapide de deux kil. vers Maromme (2.2) dans la vallée de la rivière de *Cailly.*

Depuis Maromme on ne quitte pour ainsi dire plus le long faubourg industriel et ouvrier qui précède la ville de Rouen. Dépassant la *borne 24* et vous trouvant à hauteur de la maison portant le n° 85, ne traversez pas le pont vis-à-vis de vous, mais tournez à dr. dans la rue de la *République* en suivant le ch. dit du bas.

On passe à côté de l'église en brique avec clocher effilé de Maromme. Un peu plus loin, à une bifurcation, laisser à g. la rue *Jean-Besselièere,* et continuer à dr. par la rue de la République et son prolongement la rue *Lavoissière.* Vous côtoyez à g. les bâtiments avec nombreuses cheminées du *Moulin à plomb* et, par la rue *Fresnel,* vous atteignez la place *Fresnel* où se détache à dr. le ch. de Duclair (16.2).

De cette place se diriger vers Rouen par la rue *Aux Juifs,* à g., qui traverse la partie du faubourg appelée Saint-Siméon; bientôt vous rejoignez la rue sur laquelle

circule le tramway de Maromme à Rouen. Descendant
à dr. on atteint l'octroi de Rouen à une petite place
ronde (3,9).

Sur cette place tournant à g. on gagnera l'avenue
du *Mont-Riboudet* et, suivant la direction du tramway
en longeant les quais, on arrivera à Rouen à l'hôt. du
Dauphin-et-d'Espagne, situé sur la place de la *République*, à côté du pont Corneille (3,3 — Payé: 80').

Imp. C. LAMY, 121, boulevard de La Chapelle. 1131